그마저 내려놓으라시면

현 대 수 필 가 1 0 0 인 선 · 92

그마저 내려놓으라시면

은옥진 수필선

좋은수필사

■책머리에

수필은 누구나 부담 없이 읽고, 마음만 먹으면 직접 쓸 수도 있는 가장 친근한 문학이다. 다른 영역의 문학이 영상매체에 밀려 신음하고 있는 중에도 수필 인구만은 날로 증가하여 바야흐로 수필 전성시대를 구가하고 있는 이유도 거기에 있을 것이다.

시대적 추세에 힘입어 수많은 수필전문지, 수필동인지가 창간되고, 이에 비례하여 신진 수필가도 날로 늘어나다 보니 이제는 그 많은 작가, 그 많은 작품 중에서 문학성 높은 작품을 가려 읽는 일이 쉽지 않게 되었다. 이런 현상은 작가에게나 독자에게나 결코 바람직한 일이 아니다. 더 나아가서는 수필을 연구하는 후세들에게도 큰 부담이 될 것이다.

이런 문제를 해결하는 데는 출판인도 마땅히 한몫을 감당해야 한다는 평소의 소신에 따라, 본사가 기꺼이 그 역할을 맡기로 했다. 그 첫 번째 사업으로 시대를 대표할 만한 수필가 100인을 선정하고, 작가가 자선한 40편 내외의 작품을 수록한 문고본을 발간하여 이를 널리 보급함으로써 그 소임을 다하고자 한다.

본사는 사명감을 가지고 이 사업을 추진해 나가기로 했다. 작가 선정을 전담할 편집위원회를 구성하고 전권을 위임하여 일체의 사적인 정실이나 청탁을 배제함으로써 전문성과 공

정성을 확보해 나갈 것이다.

따라서 이 기획물 속에는 작가의 문학정신뿐만 아니라, 본사의 문학사적 기여 의지와 편집위원 제위의 수필문학에 대한 애정과 문인으로서의 양심이 함께 담겨 있음을 자부한다. 다만, 작가를 선정하는 기준에는 많은 견해의 차이가 있을 수 있고, 선정 과정에서도 미처 챙기지 못한 부분이 있을 것이라는 사실만은 인정하지 않을 수 없다. 이 점에 대해서는 관계자 여러분의 양해 있으시기 바란다.

이 시리즈의 발간 순서는 작가, 또는 본사의 사정에 의한 것일 뿐 그 밖의 어떤 기준도 적용하지 않았음을 밝힌다.

본 기획물이 시대를 초월한 많은 수필 애호가들의 관심과 애정 속에 우리나라 수필문학 발전에 한 이정표가 되기를 바랄 뿐이다.

2011년 5월

좋은수필 발행인 서 정 환

현대수필가 100인선 간행 편집위원 박 재 식 최 병 호

정 진 권 강 호 형

변 해 명

1_부

2_부

3_부

4_부

1부

그마저 내려놓으라시면

"언제일까, 언제까지일까, 끊임없이 자문을 하지만 어디에서도 대답을 들을 수가 없었다. 오늘도 놓이지 않는 그 화두로 해가 진다."

"습관적으로 숨을 쉬고 먹고 자는 생물체일 뿐, 무엇을 더 꿈꿀 것인가. 통증에 대한 공포가 전신을 엄습해 오면 내 육신과 정신은 흔들려져서 뿌리째 뽑히고 만다. 안개처럼 자욱한 미래 앞에서 그동안 내게 있었던 소망은 무엇이란 말인가. 좌절하지 않겠다고 했지만 결과는 무엇인가."

4년 전 암 수술을 하고 그악스런 허리 통증으로 두 해 가까이 거동을 못하고 있었을 때, 그때 써 두었던 일기의 몇 줄이다.

노트를 넘기다 보니 이런 글도 눈에 띈다. 교회 성도들이

다녀간 날인 것 같다. 고난과 고통은 무의미하지 않으며, 우리가 넘을 수 없는 시련은 결코 주시지 않는다는 말씀을 듣고 쓴 것 같다.

"언젠가 나도 남에게 '고난은 뜻이 있다.'고 말한 적이 있었다. 머리로는 알겠는데 왜 이리 슬픈 감정이 가슴 저 아래 밑바닥에 가라앉는지 모르겠다."고도 씌어 있었다.

손을 뻗어도 닿지 않는 곳. 가족들 이웃으로부터도 나만 멀리 홀로 있다는 느낌. 그 처절한 고독감. 누가 나를 대신할 수 있을까. 모두가 영상처럼 희미해져 가고 있었다. 궤도에서 벗어난 행성처럼 방향 없이 겉돌지만 잡아 주고 보듬어 주는 이가 결코 없다는 생각뿐이었다. 허망함, 낙심, 좌절, 두려움 등, 일상에서 쓰지 않던 어휘들이 노트를 빼곡히 채우고 있었다.

이즈음 다시 자리에 눕게 되면서 그 노트를 꺼내 읽다가 절망했던 그때를 돌아보게 된다. 출석하는 교회에도 못 가고, 보고 싶을 때 볼 수 없는 손주들. 하고 싶은 일을 할 수 없는 그때와 똑같은 상황이 다시 되풀이되고 있는 것이다.

그런대로 봄여름은 무던했다. 교회까지 20여 분 거리는 운전도 할 수 있었다. 가끔은 가깜직한 신촌에서 지인도 만났다. 차츰 반경을 넓혀가는 꿈도 꿨다. '이대로'라면 찬바람 일 때쯤 딸네 집에도 갈 수 있으려니 싶었다. 그런데 서늘바람이 일기도 전에 눕고 말았다. 까닭도 모른다. 어느새 석 달이 지나가고 있다.

어찌해서 내게만 이런 일이 생기느냐고, 할 법도 한데 그런대로 지내고 있다. 그렇다고 아주 담담한 나날은 아니다. 지난 11월 '대한문학상'본상 수상자로 내정되었지만 참석할 수 없던 날의 허탈함. 여름에 〈The Concert〉라는 음악영화를 친구와 보기로 한 약속을 포기할 때의 애석함. 그럴 때면 나를 동요케 하는 단단한 사념의 망울들이 가슴을 후비기도 했다.

친구와 점심만 먹고 일찍 돌아왔더라면, 통증클리닉에서 시술만 받지 않았더라면 등등. 어느 한 가지 돌이킬 수 없는 일인데도 후회가 없지는 않다. 하지만 근심으로 밤을 지새우진 않는다. 그때처럼 좌절하지도 않는다. 언제까지니이까, 어리석은 물음도 하지 않는다. 비록 침묵으로 계시었어도 하늘 아래 나 혼자가 아니며, 내 의지로 되는 게 아무것도 없음을 깨닫게 해 주셨기 때문이다. 나의 아픔 정도를 어찌 고난에 비할까. 참을성이 많아 스스로 견뎌냈다고 여겼는데 그마저도 교만이었음을 알게 되었다.

"내가 네 손을 잡아 주지 않았다면, 너와 함께하지 않았다면 하룬들 어찌 버텼겠느냐. 네 마음에 지녔던 소망은 어찌했느냐. 네가 바라는 것은 난관에 처한 사람을 위하는 것도 아닌 네 자신의 안위를 구하는 것이 아니더냐. 먹고 살기 위해서도 나를 위해서 헌신하겠다는 것도 아니잖느냐."

가슴을 울리던 그 시간 이후. 나의 때는 언제쯤이냐고 하루에도 몇 번씩 묻던 그 물음을 놓아버렸다. 고통스런 나날보다는 '무지개처럼 찬란했던' 지나온 일들을 그리게 되었다. '무지개처럼…'이라고 말하는 것은 지난날들을 호사스럽게 덧칠한다는 의미가 아니다. 받은 은혜를 헤아려본다는 뜻이다.

모태신앙이었음이 제일 큰 감사였다. 어머니 품에서 찬송과 기도로 양육되었고, 철따라 고운 옷 입고 주일학교에 갈 수 있었으며, 여학교 때 세례를 받고 성가하여 아이 넷을 선물로 받았으니 어찌 감사하지 않으랴. 결혼 전에는 성가대로 그 후에는 서른셋에 교회학교 교사를 시작으로 구역과 여전도회와 권사회 등, 수요예배나 새벽예배, 모든 프로그램까지, 여러 모양으로 순종할 수 있었으니 참으로 복된 시간들이었다.

살림 난 아이들도 주일 성수 잘하며 나름대로 봉사하고 있으니 더 바랄 게 무엇일까. 셀 수 없이 많은 감사는 고난이 결코 무의미하지 않음을, 비로소 깨닫게 하셨다. 삶에 있어 고난은 그것이 설혹 고통일지라도 애써 일어나 걸어가게 하는 생존의 이유일 수도 있을 것이다.

요즘 주일날에는 지금 살고 있는 아파트상가 교회에서 예배드린다. 개척교회다. 몇 걸음이면 갈 수 있으니 내 처지에 맞다. 석 달 전 처음 갔을 때는 낯선 얼굴들, 교회당, 의자까지, 모든 게 서먹서먹했다. 뒷자리 구석진 곳에 앉자마자 내가 40여 년 출석했던 크고 너른 예배당의 낯익은 모습들이 눈에 어른거리기도 했다.

그러던 엊그제 주일 강단 벽에 걸린 십자가를 바라보자 울컥 가슴이 메었다. 작은 교회로 인도하신 뜻이 있을 것이라는 생각이 들었다. 돌아오는 발걸음이 한결 가벼웠다. 머지않은 날엔 오랜 세월 몸담았던 교회에서 반가운 얼굴들을 만날 수 있기를 소망해 본다. 좋아하는 먹거리 싸들고 손주들 환한 웃음도 볼 수 있다면, 가끔씩은 콘서트에도, 친구와 함께 영화관에도 가고 싶다. 그러나 그마저 내려놓으라시면 순종하련다.

(2011)

평화공원 그 사람

내가 '은평 평화공원'을 찾은 것은 지난해 봄이었다. 6 · 25전쟁 60주년을 맞아 은평구 녹번동에 공원을 개장한다는 신문기사를 읽은 뒤였다.

공원 입구에는 벚꽃, 이팝, 느티나무들이 줄지어 섰고, 우리 고유수종인 층층, 팥매기, 복자기와 벌개미취와 금불초 등, 여러 종류의 나무와 꽃들이 어깨를 겯고 있었다.

주민을 위한 쉼터이기는 하지만, 한쪽에는 장교복을 입은 군인의 전신대 동상 한 기가 서 있었다. 기단에는 윌리엄 해밀턴 쇼(William Hamilton Shaw(1922~1950))라는 이름과 생몰년生沒年이 적혀 있었다. 한국인도 아닌 외국인 청년이 어찌해서 한국의 이곳에 우뚝 서 있는지 궁금했다. 평화공원이라는 명칭과 깊은 연관이 있을 것만 같아 그의 행적을 찾아 나섰다.

그는 1922년 평양에서 미국 선교사의 아들로 태어났다. 아버지의 이름은 서위렴徐偉廉. 미국 이름인 윌리엄 얼 쇼(William E. Shaw 1890~1967) 박사는 평양 광성고등보통학교 교사였다. 아들 쇼는 평양에서 고등학교를, 미국에서 하버드대 철학과 박사과정을 공부하던 중 6 · 25 전쟁이 나자 해군으로 입대하여 한국 파병을 자원하였다. 한국말이 유창하고 한국지리에 밝은 그였는지라 인천상륙작전 때 맥아더장군과 함께 정보장교로 한미해병대 간의 전투협조업무를 맡아서 큰 공을 세웠다.

그는 다시 해병대에 자원하여 9월 22일 서울탈환작전에 참여하였다. 수도권 지리를 잘 알고 있어 정찰부대를 이끌고 적 후방 정찰을 하기 위해 경기도 녹번리에 들어섰다가 공교롭게도 잠복해 있던 인민군과의 교전 끝에 전사했다. 구조대가 도착했을 무렵엔 북한군의 기관총알이 온몸을 뚫어 성한 곳이 없었다. 향년 스물여덟으로 서울 수복 엿새 전이었다.

쇼는 고등학교를 졸업하고 미국으로 건너가 세계 2차 대전 때 해군 장교로도 복무했었다. 박사과정 이전에는 한국 해군사관학교에서 생도들을 가르치기도 했다. 구태여 두 번씩이나 군복을 입은 이유가 나변에 있었을까.

군인이라고 하면 강하다는 느낌만으로 얼비치기가 십상이다. 하지만 병사이기 이전에 20대 안팎의 순정한 젊은이로서 공포와 두려움으로 떨고 있을 가족의 안위에 대하여 어찌 도외

시할 수가 있었을까. 그보다 20년을 넘게 자랐던 한국을 향한 그리움과 도타운 정을 차마 떨치지 못해 학업조차 마다하고 기어이 찾아오고 말았을 수도 있다.

"한국인은 내 형제들인데, 나의 조국에서 전쟁이 났는데 어떻게 학업을 계속할 수 있겠느냐? 나는 한국이 자유와 평화를 이루기 전까지는 아무것도 할 수 없으며, 기독교인으로 살아갈 수도 없다." 라고 평소에 함께 복무했던 한국인 해군 친구에게 말했다지 않던가.

외아들을 잃은 아버지 서위렴 선교사는 군목軍牧을 자원했다. 그때까지 한국군에는 없었던 군목제도를 도입했던 것이다. 그런 연후에 젊은 병사들을 마치 당신의 아들 쇼인 양으로 아끼며 사랑했다고 전해지고 있다. 3대를 이어가며 한국을 사랑했던 가족들. 40여 년간 선교사로 봉사했던 아버지, 어머니, 그리고 그의 아내와 아들은 대학교수로, 손녀와 손자며느리까지도 한국에서 봉사를 했다.

은평구에서는 2008년부터 쇼 대위를 기리는 동상 건립을 추진해왔고 제막식 때는 정부의 지원을 받아 그의 가족들을 초청하기도 했다. 그의 기념비는 쇼 대위를 아는 지인들이 모은 성금으로 전사 6주기인 1956년 그가 전사한 녹번리에 세워졌다. 도시계획으로 응암동 어린이공원으로 옮겨졌다가 이참에 은평공원으로 이전 설치된 것이다.

어느덧 60년이 흘렀다. 그때의 일을 우리들은 모두 다 잊고 지냈다. 누군가에게는 잊히기도 한 전쟁이었겠지만 또 다른 사람들에게는 살아서 꼭 전해야할 생생한 삶 그 자체일 것이다. 우리 땅에서 전사한 미군은 2만 5천여 명에 이른다. 살아서 집으로 돌아간 병사도 있었지만 이제는 그들 대부분도 이미 세상을 뜨고 말았을 것이다.

이역만리에서 숨진 병사 중 한 사람인 쇼를 누가 있어 아직도 기억해 줄 것인가. 사랑의 손길이 모여 은평평화공원 동상으로 다시 소생한 스물여덟 청년 쇼 대위의 헌신은 한국인의 아들로서 우리들 가슴에 길이 새겨지리라. 동상에는 비록 쇼 대위의 이름뿐이지만, 이 땅을 지키기 위해 목숨을 바친 수많은 이국 병사들의 죽음도 함께 기억하게 될 터이다.

"공부는 조국에 평화가 온 뒤 다시 하겠노라."고 했던 윌리엄 해밀턴 쇼 대위. 웃음 띤 생전의 모습인 그의 동상을 다시 한 번 어루만져 본다. 남의 나라 전쟁터에서 자식을 잃고 만 어머니의 심정을 어찌 다 헤아릴까마는, 나도 자식들을 금이야 옥이야 기르는 어미인 게다. 어찌 목이 메는 뜨거움을 모르겠는가. 그들의 헌신으로 누리고 있는 나의 자유가 못내 송구할 밖에다.

동상에 쓰여 있는 성구 "사람이 친구를 위하여 자기 목숨을 버리면 이보다 더 큰 사랑이 없나니." (요한복음15장13절)를 되뇌며 평화를 염원하는 사람들의 소중한 마음으로 다져진 '평화공원'을 뒤돌아 뒤돌아 보았다.

(2011)

양화진 묘지

개신교 역사와 함께해 온 나무가 있다.

양화진 묘지에 서 있는 느티나무다. 그 나무는 1백여 년 전, 이 땅에 복음을 들고 온 선교사들을 만남으로써 남다른 역사를 이루어냈다. 150세라는 수령으로 봐서는 아직 든든할 수세인데, 밑동 전부가 커다랗게 구세 먹었다. 어른 팔 품으로 세 아름이 더 되는 둥치다. 그런 동공이 우레탄폼으로 메워진 것을 보니 외과 치료를 받은 흔적이었다.

지금의 '양화진 묘지' 정식 명칭은 '양화진외국인묘지공원'이다. 마포구 합정동 145번지. 합정동 로터리에서 찾아갈 수도 있고, 강변로에서 '절두산순교기념관' 이라는 이정표를 따라 들어설 수도 있다.

양화진 언덕에 개신교 선교사들의 무덤 자리를 만든 것은

1890년이었다. 지금은 지하철 2호선을 사이에 두고 천주교와 개신교의 성지가 마주보고 있으니, 어느 누가 짐작이나 했을까. 서양을 배척하고 치열하게 싸웠던 그 양화진 나루터를.

무섭게 치닫는 자동차 소리. 언덕 아래서는 문명이 달리고 있지만 이곳은 그런 속도와는 관계없이 다른 세상이다.

1884년. 하나 둘 복음을 들고 왔다가 바람 사나운 양화진 언덕바지에 묻혔다. 국적은 달라도 이 땅의 복음을 위해서 왔다가 이 땅에서 삶을 마치신 선교사들이다.

그들은 문명의 혜택 속에서 살았고, 보장받는 미래도 있었다. 박사학위, 대학 교수, 영달로 통하는 그 모두를 마다했다. 풍요로운 조국과 정든 고향, 그리고 가족을 등지며 몇 달씩 배를 타고 왔다. 본 일도 들은 일도 없는 조선 땅으로 와서 의료사업과 교육사업을 일으키며 선교활동을 했고, 이 땅의 문명화를 위해 헌신했다.

그때, 조선은 살기 힘든 곳이었다. 여름에는 빈대나 벼룩, 겨울에는 이들에 시달렸다. 오두막 흙바닥에서 비위생적으로 살았으며, 장질부사나 이질에 걸리고, 천연두를 앓다가 세상을 떠나기도 했다. 이렇듯 낯설고 힘겨운 이 땅에 무엇을 보고 목숨을 바치려 했을까. 자기 나라로 돌아가 임종을 하고도 조선 땅을 못 잊어 시신으로 다시 와서 묻히기도 한 그들이다.

오늘 따라 묘지 전체가 시원스레 보인다. 눈여겨보니 한 젊은이가 벌초를 하고 있다. 그 손길이 지날 때마다 묘지가 말끔

해진다. 다른 한편에서는 오래된 보도블록을 새로이 바꾸고 있다. 다가오는 광복절 행사를 위해서 묘지를 다듬는 중이라고 한다. 그때에야 외국인 독립유공자 묘지와 선교사 묘지가 함께 있다는 게 생각났다.

'독립유공자 헐버트 박사 52주기 추모식' 이라고 쓰인 현수막이 나무 사이에서 펄럭이고 영국인 신문기자로 왔던 '배설裵說 선생의 제 92기 추모대회'라고 쓰인 또 하나의 현수막을 아까 벌초하던 청년이 나무와 나무 사이에 끈으로 비끄러맨다.

언론인 단체와 우리 정부, 그리고 영국대사관에서 관리하고 있어선지, 그의 묘비 앞에는 늘 꽃이 놓여 있다. 양화진 묘지에서 제일 큰 비석이 서 있는 묘지이기도 하다. 묘비의 크기와 생전의 공적과는 비례하지 않겠지만, 이곳에 와 서면 왠지 쓸쓸해진다.

양화진에 올 때마다 마음 아픈 것은 어린아이들의 묘에 세운 표석이다. 이름과 태어난 날과 죽은 날이 쓰여 있기도 하지만 대부분 구획도 없이 묘석만 세워둔 것이 많다. 어느 곳에는 한 귀퉁이가 깨진 작은 십자가가 서 있다. 부모를 따라 왔다가 이 땅에서 죽은 여덟 살 소녀의 이름을 물끄러미 바라본다. 6 · 25 전쟁의 상흔이랄까 총탄에 부서진 자국도 남아 있다. 묘비들은 작거나 크거나 풍상의 흔적이 역력했다.

결코 그들이 선택한 이 땅이 아니련만 부모를 따라와서, 아니면 이 땅에서 태어났기에 이곳에 묻힌 수십 명의 아이들.

애처롭지 않은가.

구세군으로 왔다가 꿈을 펴기도 전, 넉 달 만에 병으로 숨진 스물다섯 살의 청년. 고아의 아버지로 일생을 바친 일본인 소다(曾田) 선생. 최초의 의료선교사 알렌은 나중에 본국으로 돌아가 병원을 개업했지만, 당뇨로 두 다리를 절단했다. 고향을 떠난 세월이 길다 보니 아는 사람도 없이 쓸쓸하게 생을 마쳤다. 삼 대가 나란히 누운 언더우드 가문. 언더우드 부부, 맏아들, 맏며느리, 그리고 맏손주며느리. 아직도 이 땅에서 살고 있는 가족들이다.

섬김을 받으러 온 것이 아니라 섬기러 왔다는 아버지 아펜셀러와 그의 아들과 딸. 아펜셀러 묘지 바로 옆에는 허물어진 땅에 강바람에 깎인 화강암 비석만 덩그러니 놓여 있는 곳이 있다. 기포드(Gifford Hayden) 부부의 묏자리이다. 언더우드와 함께 내가 출석하고 있는 서교동교회의 초석이 된 선교사였다.

양화진 묘지에 처음 묻힌 최초의 선교사 헤론은 왕실에서 고종임금의 옥체를 돌보던 의사였다. 콜레라로 죽어가는 수많은 환자를 살려냈지만 정작 그가 이질로 죽고 나니 누울 만한 한 평의 땅이 허락되지 않았다. 민간에서는 외국인 시신을 묻으면 재앙이 내린다는 두려움으로 땅을 살 수가 없었다. 어려움 끝에 허락받은 땅, 양화진. 그 언덕이 선교사 묘지의 시작이 되었다.

선교 백 년의 역사 속에 수많은 선교사들을 이 언덕에 묻었다. 그들의 희생으로 셀 수 없는 결실을 맺었으니, "한 알의 밀이 땅에 떨어져 죽지 아니하면 땅에 그대로 있고 죽으면 많은 열매를 맺느니라."(요한 14장 24절)는 말씀을 다시 한 번 새겨본다. 느티나무 위로 부서져 내리는 햇살이 참으로 눈부시다.

(2001)

여숫골 호야나무

이른 아침 장항선 기차를 탔다. 홍성역에서 내려 해미로 가는 버스를 타려고 했더니 눈이 많이 쌓여 못 다닌다고 한다. 어렵게 떠나온 걸음, 돌아설 수 없어 발만 구르고 있었다. 다행스럽게도 정오를 지나자 햇살이 퍼지면서 버스가 움직이기 시작했다.

예전 모습 그대로라는 읍성 남문에 다다르니 가슴이 뛴다. 사연 깊은 곳이어서 그런가, 보고 싶은 나무를 만날 수 있어서일 게다. 건물이나 큰 나무들이 없어서인지, 저만큼 서 있는 나무 한 그루가 이내 눈에 들어온다. 곁가지들은 잘려나가고 구새 먹은 둥치만 흰 눈을 이고 있어 얼핏 보기에 고사목 같다. 나무 옆에 세워진 알림판에는 이렇게 씌어 있다.

호야나무

옥 입구에 서 있던 300년 된 나무다.

이 나무의 가지에 천주교 신자들의 머리채를 매달아 고문했다.

그 흔적으로 철삿줄이 박혀 있다.

이야기는 200여 년 전으로 거슬러 올라간다. 지금은 천주교 성지가 된 이곳 해미읍성은 '해뫼' 라 불렸으며 조선 초기에는 병마절도사 치소를 두었던 곳이다. 무반인 영장은 지역을 다스린다는 명분으로 천주교 신자들과 무고한 백성들을 마구잡이로 문책하며 수탈 참살했다. 1790년대부터 1880년대에 이르는 100년간에 걸친 신유, 기해, 병인 박해 때는 하루에 수십 명씩 처형했고, 생매장시킨 사람도 수천 명에 달한다.

읍성 서문 밖에는 신자들이 형장으로 끌려가던 길이 있다. 그곳 돌다리 위에서는 '자리개질' 이라는 참혹한 방법으로 사람을 메어쳐 죽였다. 사람 수가 여럿일 때는 나란히 눕혀 놓고 돌기둥을 떨어뜨려 한꺼번에 죽이기도 했다 하니 당시의 정황이 눈에 보이는 듯하다. 팔이 묶인 채 끌려오던 신자들을 거꾸로 둠벙 속에 처넣어 죽게도 했다. 그 '자리개돌' 과 '진둠벙' 이 지금도 그대로 남아 있어 보는 이의 가슴을 메이게 한다.

생매장되었던 주검은 해미천에 버려져 홍수로 유실되었고, 그들이 쓰던 묵주나 유물들을 어느 신부가 찾아내어 다른 곳으로 옮겼다가 얼마 전 여숫골에 안장했다. 바로 그곳에 지금의 순교탑이 세워졌다.

그들이 부르짖던 뜨거운 외침이 아직도 서녘 들판을 가로지르는가. 바람결에 그 원성이 들리는 것만 같다. 지금 설움으로 묻혔을 그 자리를 밟고 서 있음이 오히려 송구스럽기만 하여 발길을 다시 돌려 호야나무 옆으로 옮긴다.

나무가 있는 그 자리는 옛날 감옥 터다. 원래는 두 채의 건물이 있었다. 그 옥에는 많은 신자들이 갇혀 질병과 배고픔으로 죽어나갔다. 그들을 끌어내어 매달고 고문했다는 호야나무는 한겨울 서릿바람을 맞고 덩그러니 서 있다.

철삿줄을 나무에 묶고 사람들을 매어 달았다는 가지에는 띠를 두른 듯 철삿줄 박힌 자국이 남아 있다. 옛날에 그 모질었던 매질을 증언하고 있는 동쪽으로 뻗어 있던 그 가지는 1940년에 부러져 나갔고, 오래지 않아 가운데 줄기마저 폭풍우에 꺾이고 말았다. 그 후 천주교 측에서 이 지역을 직접 관리하며 오늘에 이른 것이다. 얼마 전 나무종합병원에 부탁해서 영양보급과 보강 조치를 받게 한 뒤로는 수력이 한결 좋아졌다고 한다.

호야나무는 어디를 보아도 도도함이나 악함이 없어 보인다. 세찬 비바람을 어찌 홀로 감당했는지… 발길질을 당하고 돌팔매를 맞아 생채기가 난다 해도 긴 세월이 지나면 새살도 돋으련만, 잘려나간 자리에는 새움 한 번 피워내지 못하였는가 여태 뭉툭하게 이지러진 채로다. 아직도 아물지 못하였음은 그

때 그 풍상이 남달라서였을까.

어느 평온한 마을 동구에 있었더라면 지나는 길손의 쉼터쯤 되었을 것이다. 초여름 모 심던 일손들이 그 그늘에서 목을 축이기도 했을 것이며, 동리 아이들의 놀이터가 되기도 했을 것인데 저토록 처절한 모습이 되었으니… 까치집 하나 얹혀 있지 않은 것을 보니 어쩌다 들판을 지나는 새들도 쉬어가지 않는 모양이다.

모진 생명들이 죽어가며 부르짖던 '예수마리아' 기도 소리가 나무에 배어 있는 듯, 눈바람 지날 때마다 그 소리가 귓전을 울리는 것 같다. 눈 파란 신부님의 말씀이나, 장옷을 쓴 안방 아씨의 독송 그리고 행랑아범의 울부짖음이 낮게 혹은 처량하게 들리는 듯하다. 늙은 양친을 두고 가는 아랫마을 개똥이랑, 갓 댕기드린 짚세기 순이며, 줄줄이 엮여나가며 뒤돌아보았을 이 나무.

떼죽음을 당했다던 윗마을 우물 안집, 혼삿날 받았던 건넛마을 처자는 기도문을 찢기지 않으려 치마폭에 감추었다가 서슬 퍼런 칼날에 베이고 말았다니 어느 한 사람 꽃상여에 실려 나간 일 없고, 소리죽여 울음 삼킨 그 통곡들이 저 높이 닿았음인가. 하늘에서는 꽃잎 날리듯 눈송이가 분분하다.

이제 육신들은 숨을 거두었지만, 더운 피가 뿌려졌던 그 땅에서 잘려나간 자리에 두껍게 서린 자국만큼이나 긴 세월의 넋이 어린 호야나무. 몸통에 철삿줄이 파고들었으니 숨 조이

듯 했으련만, 스러진 몸이 거름이 되었는가.

해마다 봄이면 쇠잔한 몸으로도 연둣빛 싹을 틔우고, 여름이면 노란 꽃을 피워 가신 임 숨결을 기리는 것일까. 그때 다 못 전한 외침을 바람에 실려 보내고, 빗물에 흘려보냈으니, 그 말씀이 세상에 퍼졌으리라. 이제야 발걸음 옮기는 순례객들마저 나무에 기대 서서 아득히 지난 일이건만 목이 메인다.

여숫골이라 부르는 지명에도 유래는 있다. 죽어가던 신도들이 '예수마리아'라고 읊조리던 기도 소리를 '여수머리'라 알아듣던 주민들의 입으로 전해지고 다시 와전되면서 '여숫골' 이라는 땅 이름으로 고착된 것이다.

호야나무는 정식 이름이 회나무다. 충청도 사투리로 호야나무라 부르던 것이 이 나무의 고유 명으로 굳어진 듯 생각된다. 둘레에는, 십 년 전에 어미나무의 씨를 받아 심은 네 그루의 후계목後繼木이 자라고 있다. 동서남북 네 방위에서 마치 하늘 높이 팔을 벌리는 시늉을 하며 큰 나무를 에워싸고 있다.

다시 꽃이 필 것 같지 않게 쇠잔해 보이는 어미나무가 새끼나무 넷을 옆에 거느리고 있으니, 그 울타리 어찌 튼실하지 않으랴. 순교의 넋이 서린 큰 나무 옆에 뿌리내린 작은 나무들은 이름 없이 스러져간 순교자의 몸이 거름이 되어 해뫼에 떠오르는 아침 햇살을 받아 푸르게 자라기를 두 손 모은다.

(1998)

천의 생명이 주어져도

"어이— 박씨, 흙을 조금 더 파내야겠어. 옴짝달싹을 안 허네."

"그러면 두 사람이 그 끝을 바짝 들어보라니깐."

"됐어, 이젠 반듯해지네, 그대로 내려놔."

시끌벅적한 이곳은 선교사 묘지가 있는 양화진 언덕바지이다. 지경地境도 알 수 없을 만큼 폐허가 된 한 여선교사女宣敎師의 묏자리를 새롭게 단장하기 위해서 석재石材를 옮기고 있다.

우리 고유의 봉분封墳이 아닌 서양식 평장平葬이어서 화강암 둘레석을 네모지게 앉히려는데, 지면이 편편하지 못하다. 파헤친 흙을 고르고 다지며 요량을 하지만, 일이 더디기만 하다.

2미터가 넘는 기다란 돌덩이들이니 크레인으로 운반을 하면 한결 수월할 텐데, 묘지를 들고나는 길목이 좁고 언덕바지여서 오를 수가 없단다. 할 수 없이 크레인에서 굴착기로, 다시 트럭으로, 따로따로 운반을 했다. 들어 내린 돌덩이를 장정 네 사람이 밧줄로 묶어 목도질로 제자리에 놓으려는데, 불끈 들어 옮겨놓는 물건 같지 않으니 서로 의견들이 분분하다. 묘역의 주인 여선교사는 미국인 메리 헤이든 기포드(Mary Hayden Gifford)이다. 우리말로는 기보부인奇普婦人이라 불리었다.

기보부인을 알게 된 것은 우리 가족이 출석하고 있는 서교동교회의 교회사敎會史를 남편이 집필하기 시작하면서부터였다. 그동안은 언더우드 씨가 우리 교회를 설립했다고 알고 있었는데, 여러 문헌을 근거로 기보부인도 언더우드와 함께 교회 설립에 앞장섰던 것을 새롭게 찾아낸 것이다. 그때부터 그녀의 행적을 찾기 시작했다. 1년여 동안 여러 경로를 통해 알아보았지만, 뜻을 이루지 못했다. 수십 년 동안 묘역을 돌보았던 관리인도 양화진 묘지에서는 '기보부인' 이라는 이름을 들어본 일이 없다고 했다.

마침 한 미국인의 저서에서 '기보부인' 의 묘지가 양화진에 있음을 확인했다. 그날 이후 남편은 비바람에 씻겨 식별할 수 없는 비석 하나하나를 손으로 더듬고 짚어가면서 돌에 새겨진 글자를 읽어나갔다. 드디어 3년여 만에 이루어냈다. 바로 그날, "찾았어, 찾았다고. 기보부인 묘를 찾았어." 휴대전화기를 통해서 들려오는 남편의 목소리는 떨리고 있었다. 어서 와 보라는 숨찬 소리를 듣고 달려갔더니, 남편은 허물어진 흙바닥을 바라보며 눈물이 글썽한 채 서 있었다. 하마터면 매몰될 뻔한 묏자리였다.

우리나라 산소에 가면 푸른 잔디와 위엄을 갖춘 봉분이 눈을 끈다. 그런데 주인 없는 무덤이 이런 것인가 싶게, 흘러내린 흙바닥에 퇴색한 묘비만 덩그렇다. 생몰년生沒年만 쓰인 비석이지만, 많은 내력이 써 있지 않더래도 시간을 초월해서 그 옛날이 더듬어진다. 자식 하나도 남기지 않은 그녀에게 그 돌덩이는 조선땅에 목숨을 바친 유일한 발자취였다.

1888년 서른한 살의 처녀 마리(Mary)는 이 땅에 발을 들여놓아 정동여학당장으로 있다가, 네 살 연하인 미국인 선교사 다니엘 기포드와 결혼했다. '기보' 라는 우리말 이름으로 조선의 명승지에 관해서 'Places of Interest in Korea' 라는 글을 써서 미국에 알렸으며, 11년 동안 선교 사역을 하다가 43세의 나이로 남편과 함께 돌림병인 이질로 목숨을 잃었다. 그 시절 미국에서 최고 학부를 나온 여성이었으니, 그가 만일 선교사가 되지 않았다면 안락한 생활을 누릴 수도 있었을 것이다.

기보부인의 흔적을 찾으려고 정성을 모은 것은 나름대로 이유가 있었다. 우리는 그 무렵 시부모님 묘역을 손질하고자 준비를 하고 있었다. 만일 우리가 없었다면 부모님의 산소를 누가 돌볼 수 있을까. 기보부인에게도 한 점 혈육이 있었다면 백여 년이 넘는 기나긴 날을 버려두지는 않았을 텐데, 하는 애잔한 마음이 들었다. 늦었지만 이제라도 기보 부부의 묘소를 새롭게 단장을 해보자고, 남편에게 그 뜻을 전했다. 그렇게 시작된 일을 오늘, 이른 아침부터 하고 있는 것이다.

기보부인이 세상 뜬 날이 마침 5월 5일이다. 남편은 자신의 생일과 같은 날이니 결코 우연이 아닐 것이라며 오늘도 새벽부터 집을 나와 일하는 이들을 위해 물을 나르고 먹을 것을 챙기면서도 얼굴에 웃음이 가득하다. 떼 입히는 일까지는 아무래도 어둠이 내리고서야 손을 털 것 같다.

가난과 무지, 그리고 병으로 지내는 이 나라 사람들을 불쌍히 여기면서 눈을 감았을 기보부인. '마리' 라는 영문이름 대신에 남편 성을 따라 한국에서 부르기 쉽게 '기보부인' 이라 전해 내려왔으니 양화진 묘지에서 찾아내기가 그리도 힘들었던가 보다. 비록 역사의 뒤안길로 사라졌지만, '나에게 천의 생명이 주어져도 그 모두를 한국에 바치리라.'고 했던 그의 죽음은 어둠을 비치는 빛으로 오늘을 밝히고 있다.

(2001)

뻥튀기

골목길을 지나는 참이었다. 갑자기 '펑–'하는 소리에 놀랐다. 둘러보니, 근처에 뻥튀기 장수가 전을 펼치고 있다. 구수한 냄새가 코끝을 스몄다. 뿌연 김이 피어오르던 자리에는 비닐포대가 놓여 있고, 그 안에는 뻥튀기가 담겨 있다. 수북하게 쌓인 뻥튀기를 바라보고 있으니 문득 지구 저편 아프리카 어딘가에 있을 한 청년이 떠오른다. 그곳에서도 지금쯤 뻥이요– 소리와 함께 뻥튀기가 쏟아져나오고 있을 것 같아서다.

여러해 전 교통사고를 겪었다. 큰 탈이 없었고, 차량 수리도 가해자가 했기에 잊어버리고 있었다. 일 년여가 지났을까. 보험회사에서 약간의 위로금이 나왔다. 생각하지 않았던 돈이었다. 이런저런 생각 끝에 전신장애로 거동이 불편한 친구의 구좌에 입금을 했다.

몇 달이 지난 어느 날, 낯선 청년에게서 전화가 왔다. 내 이름을 확인하고서는 고맙다는 인사를 먼저 건넸다. 갑작스런 인사에 의아했지만 음성이나 말하는 태도가 공손하고 여간 예의 바른 것이 아니어서 그의 말을 듣게 되었다. 그는 내 친구 이름을 말하면서 같은 교회 출석을 한다고 했다. 이번에 생각잖은 큰 도움을 받았는데 그 모두가 내 덕분이라는 것이었다. 자초지종은 이러했다.

청년은 아프리카 선교사로 떠나게 되어 있었다. 먹을 것이 귀한 현지에서 이웃에 나눌 수 있는 방법은 뻥튀기만 한 것이 없더라는 선배 선교사의 조언을 받았다. 하지만 기계를 살 만한 여유가 없었다. 선교지로 떠날 날은 다가오고, 막막했다. 몇 사람에게 의논을 했는데, 그 말이 어쩌다 우리 친구의 귀에 들어갔던 모양이었다. 친구 역시 어렵기는 매한가지였지만 청년이 마음에 걸렸다. 그는 가끔씩 봉사원을 대신해서 친구의 병원 약 심부름도 마다하지 않았고, 급한 일이 생기면 싫은 내색 한 번 없이 달려오지 않았던가. 주일날 교회 오갈 때도 휠체어에 앉혀주고 내려주는 일도 그 청년이었다. 친구는 생각 끝에 은행에 사정이라도 해 보고 싶었다. 그런 까닭으로 전화를 했다가 뜻밖에 내 이름으로 송금이 된 것을 알게 되었단다. 친구는 그 돈을 찾아 전했고, 청년은 예정대로 뻥튀기 기계를 들고 떠날 수 있게 되었으니 참으로 감사하다면서 전화를 끊었다.

그런 일이 있은 후, 재래시장에라도 가면 모퉁이 어딘가에 꼭 있는 뻥튀기 장수에게 눈길이 간다. 그리고 아프리카의 뜨거운 열기 속에서 젊음을 온전히 봉헌하고 있을 청년이 떠오른다. 굶주린 아이들에게 알곡 한 낟일망정 열 배 백 배로 튀겨서 나누고 싶은 그 청년의 마음. 어찌 간절하지 않으랴.

허기를 면하기 위해 뻥튀기를 기다릴 아이들. 뻥이요, 하는 외침을 들으면 귀를 막고 도망치던 우리들이었지만, 그 아이들은 언제쯤 뻥튀기가 "펑-"하고 터져 나올지 가슴 두근거리며 빙 둘러 서 있을 모습이 보지 않아도 눈에 그려진다. 그리고 그 청년이 몸담고 있는 아프리카 선교 현장에도 사랑과 나눔이, 그리고 뻥튀기가 펑- 펑- 폭죽 터지듯 날마다 쏟아졌으면 하는 마음이다.

(2011)

그림 속의 나무

매화가지에 꽃댕기

아사가다와 다쿠미의 반송

산당화에 저녁노을

생강나무 사연

은행나무 삼대

통곡의 미루나무

폭나무의 세월

그림 속의 나무

벽을 바라보면 거기 늘 나무가 있다.

엽서보다 조금 큰 판화 석 장. 서양화가 김구림 씨의 작품이다. 한 장에는 가지가 촘촘한 나무 한 그루, 다른 한 장에는 우람하게 생긴 나무 두 그루, 그리고 세 번째 그림에는 큰 나무 옆에 작은 나무 두 그루가 앞뒤로 같이 있다. 그것들은 각각 액자에 넣어져 나란히 어깨를 맞대고 걸려 있다.

여러 가지 색깔이 어우러진 화사한 그림도 아니요, 무채색에 가까운 이끼색 바탕에 청회색 나무일 뿐이다. 그런데 그 절제된 색과 간결한 구도가 편안하고, 서로 어울린 것이 작은 숲 같아서 아늑했다.

우부룩하게 드러난 뿌리며 굵은 밑동 위로 곧게 뻗은 줄기. 사방으로 고루 뻗은 잔가지들. 큰 나무는 작은 나무를 감싸안고 작은 나무는 울타리가 되어 위를 쳐다보고 있는 모습이 정겹다.

원래는 여섯 장으로 된 시리즈물이었다. 전시장에서 처음 보았을 때 단박에 마음이 끌렸다. 우선 자그마하니 공간을 덜 차지해서 좋을 것 같았다. 하나씩은 좀 홑지지만 둘씩 짝을 지어 걸어도 괜찮겠고, 한 자리에 위아래 셋씩 층지게 걸어도 좋을 성싶었다.

하지만 그림 값이 내 짐작의 키를 훨씬 넘는 바람에 몇 차례 들락거리다가, 가까스로 마감 날에야 호랑이 등에 올라타는 기분으로 집에 옮겨다 놨다.

그런데 그 여섯 장 그림을 벽에 걸던 날부터 그림이 좋다면서 반씩 나누자고 조르는 분이 있었다. 그분도 그림을 좋아하는 사람. 오죽하랴 싶어 네 번째 그림 이하 석 장을 내주었다.

가져간 그림 석 장에는 네 그루의 나무와 다섯, 여섯 그루의 나무가 각각 차례로 담겨져 있다. 남은 그림에는 세 폭에 모두 여섯 그루의 나무가 담겨서, 우연찮게도 우리 집 가족 수와 꼭 맞는다.

그림을 들여놓던 때, 두 딸애는 열한 살에 아홉 살, 셋째 녀석은 여덟 살, 막내가 여섯 살이었다. 잎이 져버린 십이월의 나무라고 아이들은 이름 붙였다. 가끔은 그림 앞에서 노래도 불렀다.

나무야 나무야 겨울나무야
눈 쌓인 응달에 외로이 서서…

나목裸木이지만 쓸쓸함은 없다. 빈 가지지만 되레 청아하기만 하다. 잎이 진 나무이기에 그늘은 엷지만 그 대신 햇볕은 잘 든다. 가끔은 산들바람에 잔가지가 흔들리기도 하고 된바람은 나무를 흔들며 지나간다. 겨울이면 거기에 눈꽃도 핀다. 그런 상상으로 꿈도 실어 펼쳐본다. 새가 날아들어 둥지를 틀면, 어미 새가 노란 부리 새끼들에게 먹이도 날라다 주고….

아이들이 학교에 간 날이면 햇살은 나무들을 환히 비친다. 나무는 늘어지게 기지개를 켠다. 차츰 아이들은 밖에서 노는 날이 많아지고 나무는 키돋움을 하면서 밖을 기웃거리기도 한다.

그렇게 세월은 가고 나무는 20년을 자라 우람함을 더했다.

우리 아이들도 어느덧 성년이 되어 제각각의 포부를 영글리게 되었다.

봄이 되어 실비 내리던 날 딸아이는 신랑 손을 잡고 꽃길을 걸었다. 그리고 나무 곁을 떠났다.

가을이 깊어 나뭇가지 사이로 쪽빛 하늘이 더욱 짙푸르던 날, 남은 딸아이도 서둘러 나무 곁을 떠났다. 까치집보다 조금 큰 보금자리를 만들어서.

나무는 말했다. 잎새 무성히 드리우는 여름이 되거든 아기랑 손잡고 내 곁에 오라고, 그래서 모두 빙 둘러앉아 도리도리 짝짜꿍 놀이를 하자고.

동화책을 읽으면서 그넷줄을 매달라고 조르던 아들 녀석들도 이제는 콧수염이 거뭇하다. 그들도 머지않아 나무 곁을 떠나겠지. 그래도 나무는 거기 늘 그렇게 있을 것이다. 한결같이 우리 집 제일 좋은 벽면을 차지하고서.

나무는 그림 속에만 있는 것이 아니었다. 겨울이 오면 길가, 고궁, 낮은 산자락에서 그림 속의 나목을 만난다. 어제 해거름 산책길에도, 큰 나무와 작은 나무 둘이 앞뒤로 손을 잡고 있는 나무 세 그루를 강변길에서 보았다.

요즈음 들어 갈라져 간 석 점의 그림들이 생각난다. 네 그루에서 여섯 그루가 그려진 작품은 그분이 갖고 있다. 해외근무 때문에 여러 차례 이사를 하더니 소식이 끊긴 지 오래된 지금, 나무들이 얼마나 자랐는지 궁금하다. 어쩌면 열다섯 그루의 나무들이 숲을 이루었을지도 모를 일이다. 만일 그분이 이 글을 읽을 수 있다면 어느 곳이건 한 집에 우리의 나무들이 어울려 지낼 수 있는 아담한 정원을 만들어 주자고 해야겠다.

벽을 바라보면 거기 늘 나무가 있다.

(1996)

매화가지에 꽃댕기

오랫동안 접어두었던 월매이곡병月梅二曲屛을 다시 펼쳐놓은 것은 지난겨울 일본에 다녀온 뒤였다.

해묵은 굵은 둥치가 비스듬히 그려졌고, 옆으로 뻗은 가지에는 흰색 꽃들이 피어 있다. 그루터기에 핀 파르스름한 이끼는 예스러워 운치를 더하고, 해맑은 향이 번져 오는 것만 같다.

지난해에 남편과 같이 일본 규슈의 작은 마을에서 하루를 묵게 되었다. 일찍 잠이 든 때문인지 자정이 지나 눈을 떴다. 방안이 환했다. 날이 밝았나 싶어 엷은 커튼을 젖히니, 창 밖은 고즈넉하고 사위에 달빛만 푸르다.

밤이 깊어질수록 어디선지 향긋한 내음이 방안 가득 새어든다. 슬며시 창을 밀쳤다. 잊고 지냈던 꽃내음이었다. 궁금한 마음 가눌 길 없어 남편을 깨웠다.

밖으로 나오니 저만큼 떨어진 비탈에 작은 텃밭이 있고, 그곳에 한 그루 나무가 서 있었다. 얼핏 보기에 옥색 너울을 쓰고 있다 할까.

흰색 매화였다. 꽃잎 하나만 날려도 그 소리가 들릴 듯 가라앉은 밤, 매화가지에 비치는 담담淡淡한 달빛, 그 달빛 부서지는 소리가 들릴 것만 같다.

한참을 그렇게 서 있었다. 그윽한 향기는 매화의 품격이며 묵언의 시詩일진대, 설혹 시린 바람이 지난다 해도 후회될 것 같지 않았다. 매화가지 흔들며 봄을 일구고 있을 것이기에.

격이 있는 한 그루 매화를 늘 마음에 그리고 있었는데, 달빛 어린 매화를 만날 수 있었으니 그보다 더 귀한 일이 어디 있을까. 남편의 성화 때문에 방으로 들어오면서도, 행여 시새움으로 세찬 바람 일어 꽃잎 날릴까 돌아보고 다시 보며 걸음을 옮겼다. 떨어진 꽃잎 하나도 밟을 수 없어 살며시 주워들었다.

처음 그 방에 들어섰을 때는 허술한 유리문을 보며 염려도 했었건만, 생각해 보니 밀폐된 현대식 건물이 아니었음이 다행스럽게 여겨진다. 잠을 깨운 달빛과 꽃내음을 고맙게 여기며 매화를 노래한 소동파의 시구를 떠올렸다.

남해의 신선이 사뿐히 내려와
달밤에 흰옷 입고 와서 문을 두드리네

옛 선비의 풍류는 짐작만 할 뿐, 내 가슴에 고인 그 시정을 읊지 못하는 애석함으로, 새벽이 다하도록 매화나무를 바라보며 창가에 앉아 있었다. 아쉽지만 옷에 밴 향기와 달빛을 안고 돌아왔음에 만족하기로 했다.

이튿날 아침 식탁에 앉은 남편은 여관 주인에게 매화나무 칭찬을 아끼지 않았다. 그리고는 이것저것 내가 궁금해 하는 것들을 물어주었다.

이야긴 즉 이러했다.

그 마을에 사는 처자와 혼인을 한 가난한 젊은이가 처가에 와서 살고 있었는데, 새색시가 그만 병으로 세상을 떠났다. 딸을 낳으면 매화나무를 심자고 했던 언약을 떠올리며 열심히 일해서 모은 돈으로 작은 밭을 샀다. 그리고는 색시가 열일곱 해를 보낸 친정집에서 매화 한 그루를 가져와, 그 밭에다 심었던 것이다. 덧없이 피었다 지는 매화처럼 두 해를 살고 간 그녀를 기리며.

그날 이후, 매양 꽃 때가 되면 매화나무는 기약 저버림 없이 꽃으로 피어 그를 찾아오고, 그는 붉은 댕기를 꽃가지에 매달아 애끓는 정으로 그녀를 맞이한단다.

어젯밤 꽃가지에서 나풀대는 리본을 보았는데 바람에 날라온 헝겊 조각인 줄 알았을 뿐 그런 사연이 있는 줄은 몰랐었다.

젊은이의 나이가 늘어갈수록 수형은 더욱 아름답게 다듬어지고, 꽃은 해를 거르지 않고 피고 졌다.

하루도 거르지 않고 와서 나무 둘레를 살피고 가던 그도 이제는 아흔을 바라보는 노인이어서 가끔씩만 다녀간다고 한다.

어디 늘 피어 있는 꽃과 견줄 수 있으랴. 다음 해를 기다려야만 만날 수 있을 것이니. 낙화를 바라보는 노인의 마음이 어찌 애달프지 않을까.

'매는 내 처요, 학은 내 아들' 이라며 평생 매화와 함께 살았던 중국의 임화정처럼, 그도 아내를 기리며 매화를 바라보고 살았는지도 모르겠다.

다른 나무처럼 쉽게 번성하지 않으니 고귀하고, 꽃봉오리가 활짝 피지 않아 단아하며, 해가 갈수록 그루터기에 격이 생기고, 찬 서리 이겨내 묵은 가지에서 꽃을 피우니, 그 성정을 절개의 상징으로 여인들에 비유되었으니 그 옛날 시인 묵객의 마음을 끌었던가 보다.

옛 여인들 또한 매화를 새긴 매화잠을 머리에 장식하며 일부종사의 미덕을 지켰다는데, 그 매화나무의 주인도 그런 마음이 아니었을까.

마을의 어느 나무보다도 먼저 꽃 소식을 전한다는 그 매화나무는, 그녀를 기다리는 임에게 어서 오고자 매화 가지에 봄을 실어 달려오는가 보다.

그가 돌보지 않았더라면 밭 어귀에 서 있을 한 그루 흔한 나무였을 테지만, 그 사람과 만남으로 해서 매화나무에 사연이 깃드니, 이렇듯 만남이란 아름다운 것인가 보다.

다시 봄이 오고 매화를 추억할 때면, 안방에 놓인 월매도月梅圖를 바라보며 그때의 매화나무와 가지에 매달린 꽃댕기를 떠올리게 될 것이다.

(2001)

아사가다와 다쿠미의 반송

가끔 홍릉 수목원에 간다. 울창한 수목 사이를 거닐 수 있어서 좋고, 이름만 들었던 나무들을 현장에서 확인하는 보람이 알차서 더욱 좋다.

한 바퀴 돌고 나면, 내가 알고 있는 자생식물 가짓수가 얼마나 알량한 것인가에 새삼 부끄러워지기도 한다.

그렇게 돌다가 내 발길이 자주 머무는 곳이 있다. 연구원 본관 건물 앞 너른 잔디밭 가운데 서 있는 소나무 한 그루. 옆으로 뻗은 작은 가지들의 우북하게 퍼진 둥그스름한 수형이 마치 우산을 펼친 모양이다. 그 옆의 다른 나무들처럼 곧고 우람하지는 않아도, 잘 가꾼 분재를 확대시킨 듯 조화로움이 담겨 있다. 반송盤松이다.

길가나 아파트 녹지에서 다보록한 유목幼木들을 보기는 해도, 저토록 멋진 수관樹冠을 펼치고 섰는 모양은 상당히 드물다. 여느 소나무[赤松]에서는 느낄 수 없는 기품과 정감이 번진다. 만지고 싶고 기대고 싶고, 그 수피에 귀를 대면 무슨 이야기라도 들릴 것만 같다.

일본인 한 사람의 이름이 떠오르고, 그 유별난 사연을 풀어나가기 위해서는 자연히 우리의 아팠던 지난 역사로 거슬러 오르게 된다.

본래 이 언저리는 능역陵域이었다. 국운이 기울던 무렵 일본인에게 시해된 명성황후의 능이 이곳에 마련되었고(1897), 그 능호를 홍릉이라 부르게 되었다. 그러다가 고종 능을 경기도 금곡으로 마련할 때 함께 이장했으며, 그 뒷자리에 임업시험장이 들어선 것이다. 지금도 언덕 뒤에 능지陵址가 있다. 그 임업시험장 연구관으로 아사가와 다쿠미(淺川 巧)라는 일본인이 부임해 왔고, 그가 심은 것이 저 반송이다.

본디 반송은 소나무의 변종인데 줄기가 곧게 뻗지 않고 밑동에서 여러 갈래로 갈라지고 계속 새가지를 치면서 자란다. 만지송萬枝松이라 칭송되는 까닭도 그런 데 있다. 기자祈子나 다복多福신앙과 얽혀 성스러운 나무로 여겨져왔다. '다복솔'이라 일컬어지는 것도 그런 데 연유한다.

적송보다는 마디게 자라고 수명이 그다지 길지 않은 흠이 있지만, 함경도 지방을 비롯한 남한 여러 고을에 반송의 거목들이 자라고 있다. 홍릉 반송도 그 반열에 든다 하겠다.

다쿠미는 우리 고유 수종인 반송에 주목했다. 그래서 시험장 앞뜰에 그럴싸한 반송을 심기로 작정했다. 왜솔을 심어야 한다는 상부의 지시가 있었음에도 다쿠미는 그 자리에 반송을 심어야 한다고 우겼다.

마침 그의 눈에 드는 나무가 있었다. 지금의 과학원 자리에 있었던 홍릉초등학교 뒷산에 자라고 있었는데, 그걸 옮겨심기로 마음먹었다. 그 일에 종사했던 사람의 전언에 따르면, 그것은 대단한 공사였다고 한다.

요즘에는 장비와 기술이 좋아서 큰 나무를 옮기는 일이 쉽고, 또 이식한 뒤에도 잘 살지만, 일제강점기인 그때 사정으로 이미 30년쯤 된 소나무를 옮겨 심는 일이 그리 만만치는 않았던 모양이다.

일꾼 40여 명이, 둘레를 크게 파고 새끼로 동여 떠서 뗏목 같은 틀에 실은 다음, 통나무를 받침목으로 죽 깐 위를, 조금씩 밀어 가는 식으로 지금 있는 자리까지 옮겨왔다고 한다.

얼추 잡아도 백 살을 훨씬 넘었을 그 반송이 저토록 청청하게 살아 있는 모습에서, 저 나무에 담으려 했던 고인의 뜻을 조심스레 더듬게 된다. 시험장 앞뜰 번듯한 자리에 우리 나무를 심고 일본 수종은 뒤쪽으로 보냈다던가, 산림의 남벌을 막고 간벌제도를 정착시켰다던가 하는 일들은 그가 범연한 인물이 아니었음을 말해준다.

다쿠미는 일 년 앞서 이 땅에 온 형의 뒤를 따라 총독부 관리

신분으로 왔으면서 일제의 식민지 수탈에 혐오를 느꼈다. 언어 풍속마저 버리고 일본인이 되라고 강조할 때, 그는 한복에 갓을 쓰고 장죽을 물고 동네를 돌아다녔다. 어린 딸에게도 집 안에서는 우리말을 쓰게 했고, 생활용품까지 우리 것을 쓰고 우리 음식을 먹으면서 한국인으로 살기를 원했다.

어려운 사람을 도와 일자리를 구해 줬고, 가난한 학생들에게는 학자금을 보태줬다. 한복을 입고 사는 그가 전차를 탈 때, 다른 일본인들이 그를 한국인으로 알고 천대하거나 자리를 비키라고 욕설을 해도, 말없이 양보해주었다고 한다.

그는 형과 함께 방방곡곡을 누비며 도자기 가마터를 뒤졌고, 생활용기 하나하나를 그림으로 그리고 이름을 붙여 유명한 역작 ≪조선도자명고朝鮮陶磁名考≫를 출간하기도 했다.

그는 임업에 관해 많은 조언을 했고, 그 연구 성과는 오늘까지도 이어지는 것이 많다고 한다. 뿐만 아니라 야나기 무네요시(柳 宗悅)와 협력하여 도쿄에서 이조전李朝展을 열었고, 경복궁 안에 상설 조선민족미술관을 개설하는 일까지 이루어 놓았다.

다쿠미는 일본인이면서 조선인으로 살다가 조선 땅에 묻히기를 소원했다. 그 형제가 우리 겨레에게 바친 애정은 남다르다. 서대문, 서소문이 헐리고 또다시 광화문이 헐리는 것을 막으려고 야나기로 하여금 전 세계에 띄운 공개장 〈사라지려는 한 조선 건축을 위하여〉를 쓰게 만들었다. 파괴될 운명을 면한

광화문은 다른 곳으로 옮겨 세워졌다.

한국을 탄압 수탈하는 일본에 분노를 금치 못했던 사람들. 한민족 편에 서서 아픔을 함께 껴안고 고통을 더불어 나누려 했던 마음 씀씀이. 슬픈 마음을 투시하고 그것을 쓰다듬어 상처를 달래 주었던 사람들. 그 몇 안 되는 일본 사람들 가운데 하나가 아사가와 다쿠미다.

저기 저렇게 사철 내내 푸른 가지를 드리우고 있는 반송이 우리에게 그 내력을 말하고 있다. 심은 사람은 갔지만, 산천의 푸르름과 더불어 귀한 값어치를 생생히 증언하고 있다.

아사가와가 급성 폐렴으로 타계한 것은 40세 때의 일이다. 청량리 인근 예닐곱 동네 사람들이 몰려와서 서로 상여를 메겠다고 장사진을 이루었다. 하는 수 없이 몇 사람씩 교대로 상여를 메었다고 전한다.

한국식 토장을 원했던 평소 유언대로, 지금 외국어대학 근처 공동묘지에 묻혔다. 해방이 되면서 잇따르는 도시 확장으로 많은 묘들이 일실되는 가운데서도 뜻있는 사람들에 의해 그의 묘소는 망우리로 옮겨져 잘 보존되고 있다. 묘비는 그가 생전에 사랑해 마지않던 백자 항아리 모양을 본떠 둥그스름하게 만들어졌다.

딸 하나가 있었지만 세상 떴고, 부인은 몇 차례 다녀갔다. 지난번 왔을 때 남편의 유품 몇 점을 무덤에 아울러 묻고는 그 뒤로 소식이 끊겼다고 한다. 다쿠미의 고향 사람들과 그의 행적을 기리는 일본 사람들이 자주 찾아온다고 하니, 그는 가위 영생한 인물이 아닌가 싶다.

어쩌다가 수목원 잔디밭에서 혼례를 치르는 신부 신랑의 모습을 보기도 하고, 사생을 즐기는 어린이들의 행사와도 맞닥뜨린다. 어떤 아이는 반송의 가지 뻗음을 열심히 좇아 그리고 있다.

저 자리에 저 나무를 옮겨 심을 때, 오늘의 저런 모습을 예견이나 했을까. 수난의 역사 현장에 그 나무를 심은 또 다른 뜻은, 바로 저런 미래가 있기를 바랐던 때문은 아닐까.

반송의 나무갓을 바라보면서 저 나무가 저토록 돋보이는 까닭은, 심은 이의 유덕을 기리는 후대 사람들의 정성이 한몫하는 때문이리라 믿고 싶다.

(1999)

산당화에 저녁노을

" 야 야, 그 꽃 있지야. 니 목도리로 푹신 싸안고 온 꽃 말여. "

"..................................."

"아, 그 발그스레하니 매화꽃같이 생긴 꽃, 싸락눈 내린 날이여. 생각 못하것어?"

"응, 그 것---"

나는 짐짓 말끝을 흐린다. 대수롭잖은 일이어서 기억에도 없는 것처럼 건성 넘겼지만, 문득 가슴 두근거림이 민망해서 얼른 자리에서 일어났다. 그리고는 열린 문을 닫는 척하며 날씨 이야기로 화제를 돌렸다.

긴 설명이 없다고 어찌 그 나무를 잊었으랴. 가슴에 작은 파문이 일게 했던 그 일들을. 그새 다 잊었느냐고 다그치지만, 생각 없이 앉아 있는 듯한 내 표정에 어머니는 오히려 다행스러워 하는 기색이다. 자리에 누우신 어머니는 물끄러미 천장을 바라보더니, 아까 그 이야기를 마무리지으려는 듯 천천히 말을 이었다.

"그때 섭섭했지야. 에미한테 성깔 한 번 부린 일도 없이…."

팔을 뻗어 더듬으신다. 아마 내 손을 찾고 있는 것 같았다. 슬며시 손을 디민다. 꼭 쥐는 손길, 가녀린 그 손마디에서 느껴지는 온기가 내게 전해진다.

팔순의 어머니는 중년을 넘어선 딸에게 지난날, 그 싸락눈 내리던 날을 떠올리며 그때 일을 끄집어낸다.

기차가 플랫폼에 들어와 선다. 내리고 오르는 사람들 사이를 헤집고 꽃분花盆을 안은 젊은이가 객차에서 내려 두리번거린다.

"참 고운데요. 봄도 아닌데 어디에서 이런 꽃이…."

말끝을 마무리기도 전에 기차가 다시 움직인다. 서둘러 기차에 오른 젊은이는 차창 밖으로 얼굴을 내밀고 손을 흔든다. 이윽고 그 모습은 시계에서 멀리 사라진다.

30년도 전, 서울행 풍년호가 전주역에서 잠깐 정차했을 때 일이었다. 꽃분을 안겨주고 되짚어 기차에 오른 젊은이를 그해 여름 처음 만났었다. 몇 번 편지를 보내왔지만, 어머니의 언짢으신 기색으로 답을 못했다. 그러다가 졸업을 며칠 앞둔 그날, 역에서 만나자는 엽서를 받았던 것이다.

엉겁결에 꽃을 받아들긴 했어도 집이 가까워질수록 걸음은 더디어졌다. 꽃분의 무게도 점점 마음에 실렸다.

산당화는 비록 떨기는 작지만, 빼곡히 달린 꽃망울들이 막 피어나기 시작했다. 찬바람이 시린 듯 가지 끝에 움츠리고 있는 꽃망울도 있었다. 더러는 벌써 진홍으로 벌고, 더러는 피어날 채비를 하면서 망울을 부풀렸다. 그 화사함은 타는 노을빛을 닮아 있었다.

꽃분을 받아든 어머니는 반색을 하면서도, 의아한 눈빛으로 나를 돌아다보시었다. 운두가 낮은 사기화분에 앉힌 도드라진 밑동, 더께진 이끼의 푸르름, 운치 있게 다듬어진 고풍스런 가지 뻗음. 한두 해 예사롭게 간수한 나무가 아님을 첫눈에 알 수 있었다.

꽃을 귀히 여기는 어머니였지만, 뜬금없이 안고 들어 온 산당화를 반기지 않으리라 짐작은 했어도, 이렇다 할 내색 없이 화분을 마루 한쪽에 챙겨 놓으셨다.

산당화는 그렇게 왔고 봄이 이울도록 꽃을 피웠다. 연둣빛 잎새도 가지마다 무성했다. 그 잎새의 짙푸름과 함께 여름은 반가운 소식을 가져왔다. 오라버니가 미국유학을 떠나게 된 것이다. 그 일로 해서 집안에 변화가 일고 있음을 짐작하지 못했다. 혼담이 오간 것도, 내 사진이 이미 남자 쪽 집안에 보내어졌다는 것도, 오라버니가 출국하는 날에야 알게 되었다. 김포공항에서 만난 그 사람은 집에도 두어 차례 왔었다는

데 기억이 없었다.

지금처럼 쉽게 오가지 못하고 4년이 지나야 돌아올 수 있는 오라버니는, 아버지가 안 계신 집에 막내 여동생을 남겨두고 가는 일이 마음에 걸렸으리라. 양가에서 이미 정했으니 어머니 말씀을 따르라는 당부만 남기고 떠났다.

찬바람이 뜰에 머물더니 산당화 가지도 잎이 다 졌다. 서늘바람 일어 시작한 병풍 수놓기도 웬만큼 모양을 갖추어갔다. 수본繡本을 따라 바늘을 옮기면, 그것은 꽃이 되고 새가 되고 나무도 되었다.

산당화 꽃무늬도 짐짓 그려보았다. 어찌 색실을 챙기다가, 피로한 눈을 쉬일 겸 먼 하늘이라도 바라볼 것 같으면, 안방에서 재봉틀을 돌리던 어머니가 곁으로 오셨다.

몸가짐이나 마음 씀을 허투루 해서는 아니 되며, 손놀림 하나에도 순서가 있고, 수실을 잡아당김도 팽팽히 하지 않으면 수가 곱지 않으니, 바늘 끝 한 땀 한 땀, 정성을 담고, 색실 한 올 한 올에 마음을 담아야만 살아 움직이는 고운 수가 되는 것이라고 일러주셨다.

산당화 꽃분이 안방으로 옮겨지면서 뜰에는 눈 쌓이는 날이 거듭되었다. 여덟 폭 병풍도 제 모습을 드러냈다. 양지 밝은 안방에 놓인 산당화는 봄을 먼저 맞고 싶었는지, 아니면 떠날 날을 받아놓은 내게 또 한 번의 꽃을 보여주고 싶어 그랬는지, 가지마다 이른 꽃눈을 부풀리고 있었다.

두 개, 세 개---. 손가락 끝으로 가리키고 세면, 꽃이 피기 전에 진다는 말이 생각나서 아침이면 눈으로 더듬었다. 그리고 새로 맺는 작은 꽃눈도 앞가지와 옆가지에 몇 개씩인지 세었다. 어린애 젖꼭지만 한 앙증스런 꽃망울은 하루가 다르게 붉어졌다. 며칠만 더 지나면 두어 송이 꽃을 볼 수 있으려니 여겼다.

수놓기를 끝내던 날, 표구점에 맡기고 돌아오니 산당화 화분이 간데없었다. 어머니께 여쭐까 안방 문고리를 잡으며 머뭇거렸다. 언뜻 스치는 느낌이 있었다. 꽃 맺음을 반기는 내 얼굴에서, 물을 주고 간수하는 내 손놀림에서, 어머니는 다른 걱정을 하신 것이다. 그래서 약혼식 날 전에 그 화분을 치우신 것이다. 봄이 오기 전 꽃이 피기를 기다린 나와, 언제쯤 치울까 궁리하신 어머니. 그 후 산당화는 더 만나지 못했다. 꽃부리나 가시돋친 잔가지, 잎새가 비슷한 명자나무는 흔하게 보았어도, 진홍으로 불타는 산당화 같지는 않았다.

그러던 지난해 봄, 시댁에 내려갔다가 놀빛으로 타는 산당화를 이웃집 토담 너머로 보았다. 꽃샘잎샘에도 끄떡 없이 둥그런 꽃봉오리를 열어 보이고 있었다. 조금 오목한 홑겹 다섯 장 꽃 이파리가 가지런히 혹은 비딱이 가지를 푹 싸듯 피어 있었다. 반가웠다. 갑자기 예전의 그 순간으로 되돌아간 듯.

세월의 잔해가 드리운 지금에도 그 꽃이 잊히지 않는다. 궁리 끝에, 남편의 도움으로 그 떨기를 분양받아 토분에 심었다.

뿌리를 다시 내리느라 시나브로 몸살을 하더니만, 이 겨울 쌀알만 한 꽃눈을 부풀리며 아파트 베란다에 놓여 있다.

그때가 어제만 같은데 … 하시던 어머니도 세상을 뜨셨고, 나도 이제 초로의 길목이다. 그 옛날 그만 한 나무는 아니어도 꽃망울 맺힌 가지를 내려다보며 만개할 그날을 못내 기다린다.

(1998)

생강나무 사연

노란 꽃을 피운 떨기나무 사이로 단소 가락이 울려 퍼진다. 썩 잘 부는 솜씨는 아니어도, 그것이 〈정선아리랑〉 음률인 것을 단박에 알 수 있었다.

떨어진 동박은야 낙엽에나 쌓이지
나는야 사시장철 임 그리워 못살겠네
아우라지 뱃사공아 배 좀 건네주게
싸리골 올 동박이 다 떨어진다

가락의 음원을 좇으니 거기 덤불 사이에 웬 남자가 있다. 가까이 다가가서 인사를 건넨다.

"산수유 꽃이 한창이군요."

엉겹결에 한 말이다. 그는 약간 미소를 흘리면서,

"비슷하게 생겼지요. 저것들은 생강나무인데, 강원도에서는 개동박 또는 그저 동박이라 부릅니다. 산수유와 꽃철이 같아서 혼동하기 쉽지요."

언뜻 분간이 안 되어서 머뭇거렸더니, 그가 가지 끝을 잘라 비벼서 코에 대어준다. 생강 냄새가 난다. 그리고 산수유와는 달리 수피가 벗겨지지 않는다는 말까지 곁들인다.

옛날에는 그 열매로 기름을 짜서 여인네들 머릿기름으로 썼고, 그래서 그렇게 불리는 것 아닌가 싶단다. 강원도 사람인 김유정의 소설 제목 <동백꽃>도 사실은 생강나무라야 맞단다. 생강나무에 대해 이런저런 이야기가 이어지고 있을 때, 바람결에 향긋한 꽃내음이 번져온다.

"이 냄새가 생강나무 향이랍니다."

매화 향기보다 훨씬 짙다. 가까이서 맡아 보기로는 처음이다.

그는 황홀한 표정으로 눈을 지긋이 감으면서 그 내음에 짐짓 젖어들었다. 예사로운 것 같지 않아서 단소 가락에 무슨 인연이라도 배어 있는 게 아니냐고 물어보았다. 그는 나의 뜬금없는 물음을 나무라기는커녕, 그 향기에 띄우기라도 하려는 듯 속 깊은 이야기를 들려주었다.

"이제는 아득한 지난 이야기오만…."

말끝을 잠시 흐리다가 스스럼없이 그러나 차근차근 이야기를 들려주었다.

그는 6·25전쟁 때 인민군으로 내려왔다가 퇴로가 막혀 지리산으로 들어갔다. 거기서 온갖 어려움을 다 겪으면서도 한 여인과의 만남으로 하여 보람도 컸다. 그러나 그 어느 해 국군 공세 때 그녀는 전사하고 말았다. 그녀가 좋아하던 생강나무 그루 밑에 대충 묻어주었다. 그 뒤 그도 옥고를 치르고, 중년이 된 몸으로 세상에 나왔다. 그녀가 묻혔던 곳에 찾아갔으나, 우거진 숲 때문에 행방을 알 길이 없었고 노란 꽃만 지고 있었다. 그 막막함을 달랠 길 없어 생강나무 꽃철이 오면 그녀가 나고 자랐다는 이곳 강원도 땅을 찾는단다. 추위와 목마름을 이겨내고 꽃피우는 그 나무를 곁하며, 봄이 이울 때까지 그 나무 곁을 떠나지 않는다고.

그의 이야기를 들으면서 생강나무를 보고 있으니 노란 색깔과 진한 향기 때문일까. 무수한 꽃 이파리들이 윙윙 소리를 내는 것만 같다. 그만 나도 모르게 지난 세월을 어찌 살았느냐고 또 묻고 말았다. 그는 씽긋이 웃을 뿐. 화석처럼 묻혀 산 가운데서도, 그녀와 더불어 맡던 생강나무 꽃향기가 큰 위안과 힘이 되었단다. 비록 여인으로서 함께 이룩한 생활은 없었지만, 한 줌의 빛으로 남아 긴 어둠을 비춰주었기 때문이란다. 아까 읊조리던 그 가락도, 그녀가 늘 부르던 옆에서 귀동냥으로 배운 거라고. 그런 이야기를 하는 그의 눈에는 물기 어린 허망함이 고인다. 그가 이야기하고 있는 동안 가끔씩 나뭇가지 스치는 새의 날갯짓 소리가 산골의 고요를 깰 뿐 서서히 어둠이 내렸다. 꽃잎이 지고 있었다.

"생강나무를 남도에서는 '아구사리' 라고 부르는데, 진작부터 민간에는 쓸모가 많은 나무로 널리 알려져 있지요. 더욱이 당시 우리에게는 귀한 약재이기도 했어요. 열병에 걸렸을 때 잔가지를 달여 마셨고, 상처가 나면 잘게 빻아 붙이기도 했구요. 봄 새순은 데쳐 먹고 쌈을 싸먹고, 마른 잎은 말아서 담배처럼 피우기도 했지요. 좀 맵기는 했지만 …."

단소를 만지작거리는 그의 손마디는 굵고 앙상하다. 나부끼는 머리는 희끗희끗하다. 한참 하늘을 우러르고 있더니, 얼씨구 하며 일어선다. 등도 휘었고, 심하게 다리를 절룩거린다. 그가 짊어진 세월의 무게가 어떠했길래 내딛는 걸음마다 저리도 무거울까. 사라져가는 그의 등 뒤를 무심코 바라볼 수가 없었다.

켜켜이 떨어지는 애상을 모아 그녀가 남긴 발자국을 따르지만, 외진 자리에 묻힌 지난날 흔적들을 어디쯤에서 만날 수 있을까. 그의 걸음 지난 자리에 산새들 울음이 고이 깃든다.

그녀를 향한 마음 잃지 않고 지켰으니, 이제 뜨거운 피가 돌던 그때의 응어리진 마음 삭혀, 따뜻한 햇살로만 그 가슴에 남았으면 싶다.

이 봄, 생강나무 꽃철을 다시 맞는다. 어느 나무도 봄맞이 채비가 덜 되었을 때, 그 나무는 밝은 태양 색깔로 꽃망울을 터뜨린다. 할 말이 많아서인가 몸이 뜨거워서인가. 산골짜기를 점점이 노랗게 수놓으면서 음지 양지를 가리지 않고 피어난다. 그리고는 산 숲이 푸르름을 지어내기 전에 슬며시 진다.

가을에 드는 단풍까지도 노란 것을 보면, 생강나무 천성은 본시 노란 것일까. 저토록 대범한 꽃나무도 보는 철과 겪는 사람에 따라서는 느낌 또한 각각인 갑다. 이 화창한 날에, 그 등 휘고 다리 절던 남자는, 올해도 어느 산비탈에서 그 절절한 사연을 노래할 것이다. 멀고도 높은 고향을 바라보며, 구름 따라 하늘로 이어지는 노래.

> 아우라지 뱃사공아 배 좀 건네주게 / 나는야 사시장철 임 그리워 못살겠네

(2000)

은행나무 삼대

1

토담 모퉁이에 서 있는 나무를 본 것은 시댁에 처음 갔을 때였다. 덩실하게 큰 몸집에 마른 잎 몇 개 매달려 있고, 빈 가지에 머물다 가는 눈바람이 삽삽했다.

그 나무가 은행나무였음을 알게 된 것은 한참 지나서였다. 큰아이 기저귀를 널기 위해 볕 바른 앞마당에 긴 빨랫줄을 매던 날이었다. 바지랑대를 추켜올리자 맑디맑은 하늘에 기저귀는 하얗게 펄럭이고, 은행나무 가지는 연둣빛으로 내 시야 가득 안겼다.

울 밖으로 선 감나무 외에는 다른 큰키나무가 없어서인지, 그 나무의 가지런한 수형이 들고날 때마다 표적처럼 보였다.

어느 날이었다. 시댁에 내려간 나는 마당 한쪽이 휑하게 비어 있는 데 놀랐다. 마을 안 은행나무 몇 그루를 현충사 마당으로 옮겨 심는다는데, 담 모퉁이에 선 나무도 그 중 하나라고 아버님이 설명하셨다. 마치 품안의 자식이 큰 영예라도 얻게된 것처럼 자랑스럽게 여기셨다. 현충사 건립이 끝나면, 은행나무 주인들을 누구보다도 먼저 초대할 것이라는 약조도 받았노라면서, 그 나무가 자리했던 담장 쪽을 망연히 바라보시었다.

"동네에서 기중 잘생긴 나무여. 이담에 그곳엘 가도 쉽게 눈에 뜨일 꺼구먼."

그 후, 마을 경로당에서 현충사로 봄나들이를 떠났다. 바로 그날 아버님께서는 전화도 없이 서울로 오셨다. 손주들이 보고싶어 갑자기 차를 바꿔탔노라고 했지만, 여느 때처럼 생기 있는 음성이 아니었다.

"아무리 둘러보고 찾았어도 헛일였구먼. 마당이 하도 넓고, 은행나무가 많아서 종일 걸었어도 알 수가 없는 기여." "우리 나무는 다른 어떤 나무보다도 잘생겨서 한눈에 알 수 있었는데." 라는, 아버님의 섭섭한 마음은 다음날도, 훨씬 많은 날이 지나서도, 그날의 허탈함을 지우지 못하시었다.

낯설고 어설프기만 한 새색시였을 때 처음 만난 나무. 그래서 그 나무에 다가갔지만, 그렇게 짧은 순간에 소리 없이 스치고 가버렸다.

2

부릉거리던 포클레인 소리도 잠잠해졌다. 집이 헐리고 나니 넓어진 마당에는 황량함이 감돌았다. 부모님께서 세상을 뜨시고, 살림을 하지 않게 되면서 집은 점점 낡아졌다. 자주 들러 돌봤지만 어찌 사람 사는 훈기만 할까. 생각 끝에 어른들께서 생전에 거쳐하셨던 안채는 남겨두고, 나중에 지은 사랑채를 헐기로 했다.

삶의 때묻은 것들이 묻히고 나니 뜰에 서 있는 은행나무가 더 없이 의젓했다.

무너지는 흙담을 뒤로하고 삽짝 옆으로 서있는 은행나무는 오래전 현충사 마당으로 옮겨갔던 그 나무가 남긴 또 하나의 분신이다.

마주봐야 열매를 맺는다는 은행나무는 근처 어디서 꽃가루를 보내왔는지 아무도 몰래 첫 열매를 흙 속에 떨어뜨렸던가 보았다. 땅속 깊은 곳에 뿌리내린 생명은 떨기나무 사이에서 키돋움을 하더니, 곁가지를 길게 뻗어 마당을 차지했다. 그리고 많은 겨울을 보냈다. 실팍하게 뻗어 올라간 가장이가, 고개를 젖혀야 볼 수 있을 만큼 끝이 안 보인다.

건장한 청년의 모습으로 자란 나무를 바라보고 있으니 젊은 적 내 모습이 떠오른다. 줄기마다 묻어 있을 지난 세월, 그 언저리에 남아 있을 내 발자국까지. 지금 삽짝 옆에 서 있는 저 나무에 유독 정을 쏟는 것은, 내가 힘들고 어려웠을 때에 곁에 지켜 있었기 때문일 것이다.

어설프기만 했던 그 무렵, 부엌일을 하다 보면 항아리에 담긴 물이 늘 바닥이 났다. 사립 밖 우물에서 할 줄도 모르는 두레박질을 할 때면, 뒤집히지 않는 두레박이 우물물에 둥둥 떠 있어 애가 탄 일은 으레 늦은 밤에 생기는 불상사였다.

캄캄한 우물 안, 어릴 때 들었던 달걀귀신이나 도깨비가 나와 덥석 달려들 것 같아 서둘러 마당으로 들어서면, 삽짝 옆에서 사람의 기척이 날 것 같아 뒷걸음을 친다. 등에서 식은땀이 흐른 뒤에야 시커먼 그림자가 아닌 은행나무임을 알게 되지만, 다시 부엌에서 일을 하다 보면 호롱불은 펄럭이고, 그때마다 그 그림자가 자꾸 걸어오는 것만 같다. 아궁지에 삭정가지 지피는 것이며 우물에서 물 긷는 것까지 어느 한 가지 해 본 일 없는 내게는 매사가 어설프기만 했다. 행여 남편의 발자국 소리라도 들을 수 있다면 든든할까 싶어 몇 번씩이나 안방을 넘겨다보지만, 그냥 자정을 넘긴다.

그렇게 멀찍이만 서 있던 은행나무가 어느 날 소리 없이 내 삶에 들어온다. 갓난쟁이 오줌 싼다는 이유로 불도 들이지 않는 건넛방으로 가라는 시어머님의 말씀은 몸에 닿는 추위보다 마음속에 흐르는 냉기가 더 아렸다. 냉골인 방바닥에 누일 수 없어 무릎에 놓인 아기가 보챌수록 따뜻한 아랫목이 아쉽기만 했던 그때, 벽을 기대고 앉아 있는 내게 보여진 것은, 흐릿한 나무 그림자가 창호지 문에 어른거리는 것이었다.

캄캄한 밤에 머리칼을 쭈뼛거리게 했던 그런 나무가 아니었다. 바람 지날 적마다 지워지고 다시 그려지는 갖가지 무늬는, 파도 위의 그림으로 비쳤으며, 서서히 내 가슴에도 똑같은 무늬를 그리게 했다. 작은 가지의 떨림마저도 자상한 이야기로 들렸다. 그렇게 내 마음을 당긴 나무가 내 곁으로 왔다. 그리고 내 마음 밭에 잔뿌리를 내렸다.

어린 나무여서 아직 그 그늘 아래 쉴 수는 없었어도 그날 이후, 이른 아침 마당으로 내려서거나 싸리문을 드나들 때면, 거기 토담 모퉁이에서 내게 눈길을 준다. 젖은 눈가에 빈 가지가 두 개 세 개 겹쳐 보이기라도 하면, 외며느리의 아픔이려니 마음 다잡으며 아궁이에 삭정가지를 지핀다. 그리곤 불쏘시개 다루는 솜씨가 서툴러 매운 연기 탓이라고, 얼른 물기어린 눈을 훔친다. 돌부리 되어 가슴을 헤집고 명치끝이 아플 때도, "아궁이가 바람을 타나 봐요." 라고 얼버무리며 매번 그렇게 아궁이 앞에 앉았다. 불을 지펴도 옷깃을 파고들던 바람. 두텁게 껴입어도 떨리기만 했던 추위. 어찌 봄 햇살 어리지 않았을 것이며, 어디쯤엔가는 가슴 설렘이 없었을까 마는 겨울날 시린 바람밖에는 기억되지 않는다.

현재에서 과거를 바라보니 참 머나먼 길을 걸어왔다. 이제 부모님은 가시고, 초로의 아들과 한 길이나 커 버린 손자들이 그 마당에 서 있다. 내게 드리운 기나긴 그림자도 희미해지는 걸 보니, 세월은 아픔들을 묻어버리는가 보다. 은행나무 선 마당은 이제 무엇이 남고 무엇을 보냈을까. 그 후로도 은행나무는 잎을 피웠다. 머잖아 열매도 익을 것이다.

3

"아빠, 제일 잘 여문 것으로 네 알만 심어요."

"맞아요. 큰누나, 작은누나, 형 그리고 내 것까지."

"그래, 그렇게 하자." 고 대답한 남편은 아이들과 머리를 맞대고 앉아, 거실 바닥에 좍 펼쳐 놓은 은행 알을 고르고 있다. 고향 집 마당에 선 은행나무의 첫 열매라면서 가을걷이와 함께 시부모님께서 보내주신 거다.

겨울을 보내고 이듬해 햇살 바른 날. 엄숙한 의식이라도 치르는 것처럼 아이들은 한 줄로 늘어섰고, 남편은 은행 알 넷을 해 바른 앞마당 눈에 잘 띄는 곳에 심었다. 움이 텄다. 바람도 햇살도 처음인 양 새로움과 싱싱함으로 싹을 틔웠다.

딸아이는 이렇게 말했다.

"우리, 이 은행나무를 손자나무라고 불러요."

그렇게 심겨진 손자나무는 높직한 벽돌담에 에워싸여 새 가지를 펼치더니 울 밖을 넘본다. 노란 잎을 떨구어 계절이 가고 있음을 보여주기도 했다.

어느 날 아파트로 이사를 하게 되었다. 애들이 손자나무를 뽑아가야만 된다고 입을 모았다. 누구보다도 엄마가 더 섭섭할 것이라고도 성화였다. 나는 며칠을 두고 생각했지만, 외기에서 마음껏 자라던 나뭇가지를 오므라뜨려 분재를 만들 수는 없었다. 위로 크는 줄기를 부러뜨려 아파트 베란다 천장에 맞추는 일은 더욱 못할 짓이었다. 화분이 아무리 크다한들 그 넓은 땅만 하겠으며, 날마다 정성스레 물을 준다 해도 어찌 하늘에서 내리는 빗줄기만 할까. 아쉬운 마음 남겨둔 채 이사를 하고 말았다.

어쩌다 서교동, 예 살던 집 앞을 지날 때면 나무가 있는 담을 올려다본다. 어서어서 열매를 달고, 사람들이 쉬어갈 수 있는 시원한 그늘을 넓히거라 기도하는 마음이다.

현충사 마당으로 간 아버지나무와 고향 뜰에서 크고 있는 아들나무, 그 나무가 씨를 내려 또 하나의 손자나무가 비록 내 집 울안은 아니어도 그렇게 삼대를 이어가고 있다.

(1999)

통곡의 미루나무

서울시 서대문구 현저동 101번지. 나는 지금 허물어진 형무소 터에 서 있다. 아랫녘에서는 꽃 소식이 분분한데, 때 아닌 적설로 너른 마당 전체가 흰 눈으로 덮여 있다.

1908년 일본 식민지였을 때 경성감옥으로 문을 열어 조국의 광복을 맞기까지 수많은 의병과 독립운동가 등, 애국지사들이 투옥되었고 고문과 처형이 자행되던 곳이다.

1987년 서울구치소라는 이름으로 불리다가 경기도 의왕시로 이전되었어도 80년 동안 서대문감옥, 서대문형무소, 서울형무소, 서울교도소 등 여러 번 명칭이 바뀌었지만 감옥이라는 점에서는 변함이 없었다.

그 이름의 변화만큼이나 지난 흔적들을 가늠할 수 없다. 안내책자에 실린 사진을 한참이나 들여다보다가 역사관으로 들어섰다. 역사관은 애국지사들이 독립운동을 했다는 이유만으로 죽음에 이르도록, 각목과 채찍으로, 전기고문과 물고문을 당했던 당시의 현장을 재현해 놓은 여러 종류의 고문실이 있다.

좁은 문을 들어서니 수감자가 된 듯한 기분이다. 이런 생각이 들었다.

내 어찌 헤아릴 수 있을까 마는, 80여 년 전 독립운동가들은 이 좁은 문을 지나면서 어떤 마음으로 발걸음을 떼셨을까.

전신이 마비되는 고문기구의 벽관이 있고 독방을 재현해서 관람객들이 직접 들어가 체험해 볼 수 있게 한 공간도 있다. 움직일 수 없을 만큼 비좁아서 2~3일이 지나면 저절로 온몸이 마비되는 고문기구이다.

때마침 그곳을 관람하던 고등학생쯤으로 보이는 한 학생이 겁도 없이 고문기구 안으로 들어가더니 단 몇 초도 견디지 못하고 뛰쳐나온다. 온몸이 조여들어서 견딜 수가 없다고 친구들에게 이야기하고 있다.

다시 몇 걸음 지나니 '유관순굴'이 있다. 유관순 열사가 죽음을 맞은 사방 1m도 채 안 되는 독방이다. 그 굴 앞에서는 서 있기조차 가슴이 시린지 사람들은 눈길을 피하고 만다. 유관순 열사의 사진만이 덩그러니 걸려 있다.

아우내 장터에서 독립만세를 부르다가 수감되어서도 아침저녁으로 만세를 불렀던 어린 소녀. 그때마다 잔혹한 고문을 당했지만 의지를 굽히지 않은 채 3 · 1운동 1주년인 1920년 투옥자들과 함께 옥중 시위를 벌였다. 그 뒤 이곳 지하 독방으로 격리되어, 빛이 들지 않는 캄캄한 먹방에서 고문과 영양실조로 열여섯의 한창 나이에 순국하셨다. 여성애국자들은 의자에 묶인 채 손톱 끝을 나무꼬챙이로 쑤시는 고문으로 목숨을 잃거나 불구자가 되기도 했다.

무심히 지나칠 수 없는 현장, 발걸음마저도 조심스러워서 숨을 죽인다. 이름조차도 생소한 여러 가지의 고문 현장을 지나치며 나도 모르게 가슴이 죄어든다.

걸음을 세우고 다시 한 번 만행을 저질렀던 자리를 돌아본다. 환청인가. 그때의 신음소리가 들리는 듯하다.

어렵게 역사관을 빠져나왔다. 구름 낀 하늘을 올려다본다. 그 옛날 담장 망루의 모습과 옥사였던 건물 한 채가 눈에 들어온다. 울타리 높이 쌓아 올려진 붉은 벽돌 하나마다 애달픈 사연이 새겨져 있는 듯하다.

아픈 사연은 무심코 내디딘 발밑에도 있다. 옥사 빈터에는 보도블록 대신 땅바닥에 깨진 벽돌 조각들이 덮혀 있다. 그냥 지나칠 수 없다. 수감 중에 있던 애국지사들을 강제 동원하여 구워낸 역사의 산물이기 때문이다.

벽돌 한쪽에는 일제강점시대에 '경성감옥' 에서 제작된 것임을 입증하는 '京' 자가 새겨져 있다. 한 걸음 또 한 걸음 내디딜 때마다 숙연해진다. 애국지사들의 한이 서린 아픔을 나는 지금 딛고 서 있다. 나도 모르게 신고 있던 신발을 벗어들었다. 잠시 동안의 형식이지만 그래야 될 것만 같은 마음이었다.

벗은 신발을 다시 신었다. 사형장 시구문으로 향한다. 시구문 밖은 묘지였는데 이런 사실을 아는가 모르는가 지금은 아파트가 빽빽이 들어차 있다. 원래 시구문은 사형을 집행한 시신을 형무소 밖 공동묘지에 몰래 버리기 위해 뚫어 놓은 일제가 만든 비밀통로였다. 자신들이 저지른 만행을 감추기 위해 폐쇄했던 것을 1992년 서대문 독립공원으로 조성하면서 입구에서부터 40m를 복원해 놓았다.

길이라고도 할 수 없는 좁고 어두운 지하로. 그 옛날 마치 하수도관 같은 그 길을 따라 이 나라의 많은 애국지사들이 형무소 밖 공동묘지로 몰래 버려졌던 것이다.

시구문 조금 못 미쳐서 사적 324호로 지정된 사형장이 있다. 일제가 지은 목조건물이다. 전국에서 사형 선고받은 애국지사들을 이곳에 이감하여 사형을 집행했던 곳이다.

어두컴컴하고 음침한 목조건물 내부에는 사형수가 앉는 의자며, 그때에 사용했던 굵은 동아줄이 그대로 내려져 있다. 사형을 집행할 때 배석했던 사람들이 앉은 긴 의자도 그대로 보존되어 있다. 으스스한 한기에 머리카락이 꼿꼿이 서는 듯했다.

사형장 입구에 서 있는 한 그루 미루나무와 눈이 마주쳤다. 진초록의 잎이 수없이 바뀌었을 터인데도 나무둥치는 거무스레하니 앙상하다. 못다 살고 간 이들의 한이 서려서일까. 아니면 맺힌 가슴 풀지 못하고 떠난 그들이 목이 메어, 나무가 그렇게 어설프게 생겼을까. 그 모두를 지켜보았을 나무는 어찌 견디어냈을까. 미루나무 아래 세워둔 안내문에는 이렇게 적혀 있다.

> 통곡의 미루나무
>
> 사형장 입구 삼거리에 하늘 높이 외롭게 자라고 있는 이 미루나무는 처형장으로 들어가는 사형수들이 나무를 붙들고 통곡했다는 곳으로 유명하다.
>
> 또한 사형장의 또 한 그루의 미루나무는 사형수들의 한이 서려 잘 자라지 않는다는 일화가 전해지고 있다.

건물 구조와 그 나무 위치로 보아 모든 사형수는 그 앞을 지나게 되어 있다. 일제강점기 같으면 옥사에서 끌려나올 때 벌써 얼굴에 용수갓을 씌워 앞을 볼 수 없게 했다. 수갑을 채우고 그것도 모자라서 뒷짐결박에, 발목에는 족쇄까지 절그럭거리며 그 앞을 지나게 된다. 그뿐인가. 두 사람의 장정이 사형수 양편에 서서 수갑까지 채워진 그의 두 팔을 끼고 걸었다고 한다. 그런 와중에 어떻게 발걸음을 멈추고 통곡이라도 마음껏 할 수 있었겠는가.

끌려가면서 조금 있으면 세상을 하직한다는 것을 알아챘을 것인데, 사형장으로 걸어가면서 어떤 몸짓을 했을까. 품었던 꿈 지우고, 풀지 못할 억울함을 안고 마지막을 향해 내딛는 걸음. 그 모든 것들을 미루나무는 지켜보았을 것이다.

선열들 같으면 국운이 기울어 침략자의 손에 잡히었으니 죽는 처지를 비탄했을 것이며, 해방 후 전쟁에 휘말려 억울하게 죽어간 이들도, 아까운 죽음도 있었을 것이고 잘못된 죽음인들 어찌 없었으랴.

미루나무는 그들의 마지막 외침을 들었을 것이며, 사라지는 마지막 뒷모습도 보았을 것이다. 또 파렴치범일망정 그가 세상을 등지는 순간에 지은 몸짓이나 탄식도 기억할 테지.

가던 걸음 못 박혀 머물러 서서 어머니를 부르며 통곡했다 하니, 마지막 길에서 만난 나무는 마지막 가는 길의 어머니 가슴으로 함께 울었으리라.

무수한 발자국 못 박혀 서면 그때마다 어찌 다 감당했는지. 그 통곡소리 하늘에 올라 노을에 젖었을까. 맑디맑은 하늘의 흰 구름이 되었을까. 높직한 가지에 걸려 우는 바람 소리도 발걸음을 쉽게는 재촉하지 못했으리라.

땅을 내려다보며 살았던 마음들이, 하늘을 바라보며 살고 있는 미루나무를 부여잡고 마지막을 보냈을 그들의 영혼. 하늘에 모여 서리가 되었으리라.

역사의 족적만큼이나 험난함을 겪은 나무. 통곡의 미루나무 둥치에 손을 얹으니 처절한 몸 떨림이 전해져 온다. 그때의 통곡이, 그리고 선열들의 함성, "대한 독립 만세!" 가 들리는 것만 같다.

(2001)

폭나무의 세월

그림에서 암울한 분위기가 풍겨난다. 미감美感 이전에 본원적으로 내뿜는 메시지가 강렬하다. 〈팽나무와 까마귀〉라는 작품 앞에서 나는 붙박인 듯 서게 되었다. 어두운 하늘을 배경하고 한쪽으로만 뻗은 수관樹冠, 그 앞에 웅크리고 앉은 까마귀의 실루엣.

50여 점의 연작은 제주의 한을, 척박했던 당시를 생생하게 보여준다. 어느 역사책의 서술이 이 그림들보다 더 잘 드러낼 수 있을까. 서양화가 강요배 씨의 '4 · 3 역사화전歷史畵展' 을 관람하고 미술관을 나올 때는, 한라산을 가로지르는 강한 바람을 맞닥뜨린 느낌이었다.

여러 날이 지나도록 그림 속의 나무가 눈에 선했다. 그 나무의 모델이 있는 곳을 수소문하고, 4 · 3에 대한 문헌을 찾아

읽으면서, 희미해져가는 지난날을 그림으로 되살린 작가의 의중을 엿볼 수 있었다. '역사화전'에 다녀온 열흘쯤 지나 제주도를 향해 걸음을 옮기게 되었다. 오랜 세월 이야기를 담고 있는 나무를 만나리라는 기대로 가슴이 부풀었다.

육지를 떠나 하늘에서 내려다본 제주는 외로운 점이었다. 탐라라는 작은 섬. 삼별초항쟁이나 프랑스 함대와 대치한 이재수난, 왜구의 침략 등 곳곳마다 역사의 흔적들이 스며 있을 것이다.

예약했던 택시기사를 공항 로비에서 만나 동복리 쪽으로 향했다. 택시가 해안도로를 따라 들어서자 너른 바다와 푸르른 나무들, 돌담들이 눈에 들었다. 바람을 막기 위해 올레담을 쌓고, 외적을 막느라 바닷가에는 돌성을 쌓은 것이 벌써 700여 년 전이었으니 참으로 오래전부터 돌담으로 서 있었던 셈이다. 싸움이 있을 때마다 여자들은 삼태기나 치마폭으로 돌을 나르고 남자들은 뽕개질로 왜구들을 향해 돌팔매를 퍼부었다.

"예리 당포에 왜배가 들라. 칠성같이 벌어진 관당(이웃 친척) 담월(빽빽이 모여 있는 별자리 이름)같이 모여나 보세."

끊임없이 이어지는 왜구의 침략이 끝내는 일제강점기의 치욕으로 변했다. 해방 후에는 제주도에 인민위원회라는 자치행정기구가 세워졌다. 징병이나 징용, 강제노역으로 끌려갔던 6만여 명의 사람들이 간신히 고향으로 돌아왔건만, 일자리도 없고 생필품도 귀했다. 설상가상 2년간의 가뭄으로 흉년에 돌림병인 호열자가 퍼져서 수백 명이 목숨을 잃었다.

1947년 3월 1일 3만 군중이 양과자 반대운동으로 미군정에 시위를 하자, 당국에서는 총을 쏘아 여섯 명의 사상자를 냈다. 주민들은 이에 맞서 총파업을 하게 되었다. 그러자 육지로부터 서북청년단과 응원경찰대가 파견되어 "빨갱이를 소탕한다."는 명분 아래 조금이라도 불평하는 사람들이 있으면 구금, 고문을 자행했다. 탄압에 항거하는 제주도민들의 횃불시위가 시작된 것이다. 젊은이들은 탄압을 피해 산으로 가거나 자위투쟁을 위해 훈련을 하고, 여자들은 간장을 담은 허벅과 소금가마니를 산으로 지어 날랐단다.

운전기사가 전해주는 이야기에 잠겨 있는 동안, 차는 해안도로를 벗어나 들판을 지나고 있었다. 그때 "이제 동복리 다 왔는데요."라는 말과 함께 돌무더기 옆에 차가 멈췄다.

지나는 사람도 거의 없는 한적한 들판이었다. 폭나무 한 그루가 서 있었다. 그림 속의 그 나무를 마주하니 가슴이 뛰었다. 나뭇가지들이 한쪽으로 쏠려서 마치 긴 머리가 옆으로 나부끼듯 그렇게 뻗어 있었다.

볼거리도 없는 곳에 어찌 왔는가 싶은지 안내원은 뜨악한 얼굴을 했다. 그림 속 팽나무를 찾아온 것을 그가 어찌 짐작이나 할 수 있으랴. 팽나무를 만나러 왔다는 내 말에 "팽나무가 어떻게 생겼어요?"라며 고개를 돌리다가 생각이 난 듯, '폭낭'이 아니냐고 되물었다. 제주도에서는 '폭낭' 혹은 '폭나무'로 부른다는 말을 덧붙였다.

눈앞에 서 있는 나무가 그 폭나무였다. 미술관 벽에 걸려 있던 액자 속의 나무를 일순간에 옮겨다 나를 위해 들녘에 세워 둔 것 같았다. 다른 게 있다면 까마귀의 실루엣이 보이지 않을 뿐이다.

100년이 넘는 긴 세월 동안 동네 어귀에 서 있다고 했다. 빈 나뭇가지 사이로 불어오는 바람이 향방을 모르게 가버린다. 폭나무 위로 하늘을 선회하며 날아가는 까마귀 한 마리가 언뜻 눈가를 스치는 듯하다.

태생이 그런 것일까. 나무의 모양새는 푸근함이 전해오는 나무갓이 아니다. 뒤틀린 채 서 있다. 바다 쪽에서 불어오는 세찬 바람 때문일까. 아니면 역사의 세찬 역풍 때문일까. 궁금하게 여기는 내게, "그 나무보다 더 이상야릇하게 생긴 나무도 있거든요."하고 전해준다. 그 말을 듣고 나는 선뜻 앞장을 섰다. 그림에 있는 동복리 폭나무만 보리라 여겼는데, 제주의 폭나무를 순례하는 일정이 되었다.

동광리로 들어섰다. 너르디너른 들판이 한눈에 들어온다. 지금은 없어진 무등이왓이라고 했다. 땅의 생김새가 춤을 추는 어린아이 같다고 해서 무동舞童이고, '왓' 은 밭의 제주방언이다. 또 다른 뜻은 '무등(무덤)이 있는 밭' 으로, 제주에서는 자신들의 밭에 무덤을 쓰는 오랜 풍습으로 중산간마을 웬만한 밭에는 다 무덤이 있단다.

드문드문 서 있는 폭나무에게서 차마 발길을 떼지 못했다. 덤불 속 돌무더기 옆에 중동무이로 꺾인 나무가 폭나무라 하니 그러려니 할 뿐, 뒤틀리고 꼬여 우그러진 밑동, 곧게 자라지 못하고 옹이진 마디마디, 뭉툭 잘리고 앙상히 휘어진 가지들. 척박한 자연환경 때문일까. 바다에서, 육지에서 불어닥친 4·3의 격랑 때문일까. 불에 타고 그슬린 나무의 사연은 언제쯤 들을 수 있으려나.

그 자리에도 사람들이 살고 있었다. 화전을 일구고 다랑이 밭을 갈았다. 억새풀로 지붕을 이었고 쇠막도 지었다. 산막에서는 숯도 굽고 쇠테우리도 하며, 비옥한 땅은 아니어도 밭에는 조가 있고 밀이 있었으며, 고구마는 썩 잘 되었다. 들판 가득 고사리가 터 오르고, 우물가 물팡에는 붉게 핀 동백꽃이 있었을 것이다. 마을마다 높직한 폭나무가 당산을 이루었다. 여름이면 나무 아래 짙은 그늘이 드리워졌고, 평상이 놓였다. 그곳은 개구쟁이들의 놀이터였으며, 일터의 일이나 집안의 어려움, 마을의 대소사를 나누는 장소였다. 설령 갈 곳 없는 뜨내기가 찾아든다 해도 넉넉한 품으로 맞이하는 인정이 오갔을 것이다.

그런데 지금 농사짓고 짐승 키우며 삶을 이루었던 사람들은 간 곳 없고, 외지에서 온 약삭빠른 사람들에 의해 남의 땅이 되었단다. 마을 곳곳에 곡식을 찧던 연자방아가 있었지만 육지인들의 거실 장식용으로 팔려갔다는 소리를 듣는다. 끼니를 장만하는 생활의 방편이었을 텐데.

예전의 아픔 때문인지 지금은 바라보기조차도 꺼리는 곳이 되고 말았으니. 마을을 잃어버린 후손들은 어디에 흩어져 있을까. 손때 묻은 세월의 자취를 어디서 찾을 수 있을까. 지금은 잡초만 우거진 빈 터. 불어오는 바람이 마른 억새풀을 흔들며 지나간다.

시간이 멈춰버렸다는 말이 이런 것인가. 마을 전체가 공동상태였어도 보이지 않는 어느 곳에선가는 풀꽃들이 봄을 알리고, 나비들은 날아다닌다. 그때의 아이들은 중년을 넘기고, 청년이 벌써 노인이 되었을 것이련만.

"중산간마을이 불바다가 되었을 때, 몽땅 타버려서 그렇지요. 나무만 탔나요, 사람도 변을 당했지요. 우리 아버지랑 큰아버지도 그때 가셨대요."

그의 휑한 시선이 먼 하늘로 옮겨진다. 팽나무 둥치에 도끼날이 파고들고, 남은 가지가 불에 타버린 것도 그때였다고 한다.

"제주 사람들은 4 · 3 얘기 싫어해요. 누구도 입 밖에도 내지 않습니다."

왜 안 그럴까.

자고 새면 돌밭 일구어 밭작물이 커나는 것을 보람으로 여겼을 시간들. 저녁거리 앉히며 식구들을 기다렸으련만, 눈 깜짝할 사이에 자식을 잃고 부모 형제를 여의었으니 그 마음 어디에 닿으랴.

"그때가 1948년이었어요. 4월 3일 새벽 1시. 오름마다 일제히 봉화가 올랐지요."

그는 허심하게 지난날을 풀어갔다. 500명가량인 무장자위대의 반격이 시작되었다. 무장대는 본토에서 들어온 경찰과 서청의 추방을 요구했지만, 더 많은 군인과 경찰이 증원되어 도민들은 산속으로 피신하게 되었다.

육지에서 들어온 진압군은 누가 아군이고 적군인지 구별할 수 없으므로, 한라산 중산간마을 주민들을 해안 마을로 옮기라는 소개령이 내린다. 군 연대장으로 부임한 송요찬 소령은, 해안선으로부터 5km이상 떨어진 중산간지대를 통행하면 총살하겠다는 포고문을 발표했다. 그리고 토벌이 시작되었다.

제주지역은 해안 마을과 해발 200m이상인 중산간마을로 나뉜다. 조선 초기까지 제주도의 촌락은 해안가에 있었지만, 왜구들의 침략으로 중산간마을이 형성되었다. 그랬으니 지형상 '해안선 5km 이외의 지점'은 일반인들이 살고 있는 구역이나 마찬가지였다.

갈 곳이 없는 사람들은 남의 집 헛간 살이라도 마다하지 않았지만, 겨울이 되면서 추위와 굶주림으로 다시 마을로 돌아와야 했다. 그런 과정에서 빨갱이와 폭도라는 이름으로 뜻하지 않는 변을 겪고 가족을 잃게 되고 말았다. 100여 마을 이상이 참화를 입었다. 가축과 산림 피해도 엄청났다. 그 후 4·3의 유족들은 '붉은 것'이라는 낙인으로 연좌제에 묶여 고초를 겪었다. 정부에서는 4·3의 논의가 금기시되어 왔고, 김대중 정부에서 철저히 규명하겠다고 약속했지만 제대로 이뤄지지 않았다.

1994년에 피해신고 접수처를 만들었지만, 유족들은 피해의식에 젖어 신고조차 못한 사람들이 많았다.

"우리도 신고 안 했어요. 한들 뭐 하겠어요."

오랜 세월 덮어져 있던 이야기를 이어가는 내내, 그는 중간중간마다 긴 한숨을 내쉬곤 했다. 저물녘에야 자리를 털고 일어났다.

제주시로 돌아오는 길에 한림읍 명월리와 납읍리에 총 맞은 나무가 있다고 해서 찾아갔다. 중산간이 소각되면서 웬만한 나무들은 타버렸건만, 고목들은 얼을 입은 채 얼마간은 남아 있더라고 했다. 막상 명월에 도착해보니 총상을 입은 나무들이 서 있던 자리는 아스팔트 도로로 변해버렸다. 어렵게 찾아온 걸음이 아닌가. 어찌해서 총격을 당했는지 그 내력이나마

듣기로 했다.

성읍에 있는 나무처럼 해묵었다고 전해진다. 어른 두엇이 아름드리 나무에 몸을 감추어도 누구도 알아차리지 못할 만큼 둥치가 컸다. 마을 전체가 불바다가 되던 날, 그 나무에 숨어 있던 사람들이 드러날 수밖에 없었으니, 인명피해뿐 아니라 나무들도 덩달아 총상을 입었다고 한다.

상이군경처럼 불에 타고, 총구멍이 나도, 뭉툭한 가지에서는 새순이 트고, 다시 봄이 오면 새 가지를 뻗었다. 그렇게 해를 거듭하면서 수세를 넓혀갔다. 지난 세월의 위용을 갖추며 꿋꿋하게 살고 있었다.

사람들 머릿속에서는 서서히 잊혀지는 지난 일이어도, 불타버린 마을에 땅만 남고, 돌만 남았어도, 폭나무들은 그 어려웠던 시절을 묵묵히 마을 지킴이로 견뎠던 것이다.

애면글면 버텨온 세월을 전기톱으로 한순간에 베어버렸으니 어찌 안타깝지 않으랴. 도로를 넓힐 때 해묵은 나무들을 비켜갈 수는 없었던 것일까. 먼 나라 독일에서는 집안에 있는 오래된 나무 한 그루도, 관할청의 허락을 받아야 벨 수 있다고 하던데….

"성읍에는 정말 잘생긴 폭나무가 있어요. 느티나무처럼 둥그스름하고, 흠도 없어요." 정말 잘생겼다고 몇 번씩이나 되풀이하는 그의 말을 따라 성읍으로 갔다.

성읍 민속마을 한복판에는 천년수로 이름난 느티나무가 의젓했다. 그 주변의 훤칠한 폭나무가 눈길을 끈다. 폭나무는 600년생의 천연기념물로 보호받고 있다. 어른 세 사람이 팔을 벌려도 손이 맞닿지 않을 만큼 우람하다. 세월의 켜가 쌓였음에도 구세 먹은 데 없이 무성하게 가지를 펼치고 있다. 순리로 자란 나무와 역리逆理를 이기면서 뻗은 나무가 이렇게 다른 것인가.

그 나무들을 바라보면서 이런 생각이 들었다. 새잎 피어날 무성한 가지는 너른 그늘 드리워, 오가는 이에게 쉼을 줄 것이니 얼마나 평온한 일일까. 변고를 겪지 않고 수백 년 살아온 우람한 둥치처럼, 제주민들의 앞날도 그렇게 튼실해서 연둣빛 잎새처럼 빛날 것이라는 바람이었다.

좁짱한 갈림길에는 대나무가 우거졌다. 밭담을 에두르는 대숲이 사람이 살았던 옛 곳임을 알려준다. 댓잎에 서걱거리는 소리가 귀를 모으게 한다. 놓쳐선 안 될 이야기처럼.

더 깊숙이 걸어가면 얼마 전에 찾은 굴이 있다고 했지만 운전기사가 더는 갈 수 없다고 했다. 동굴에 대한 얘기는 전날 우연찮게 어느 노파에게서 들었다.

"웬만하면 그때는 다 큰 넓궤(굴)로 가서 숨었지요. 화산 때문에 저절로 생긴 넓궵니다. 한 이틀 숨어 있으면 토벌대들이 가련했지. 굶어 죽으리라 생각했겠어요?"

세월이 지나 누군가 우연히 그 굴에 들어갔다가 어린아이 유골과 함께 어른 유해가 있음을 보게 되었다. 굶주림을 견딜 수 없어 굴 밖으로 나온 사람은 그대로 사살되었고 굴 안에 남아 있던 사람은 고스란히 굶어죽었단다. 1백여 명도 넘는 마을 사람들이 그런 식으로 세상 뜬 것을 뒤늦게야 짐작할 수 있었다. 죽음보다 더 큰 슬픔이 어디 있으며 생이별한 사람이 한둘일까 마는 남아 있는 사람은 살아야지, 하는 마음으로 열심히 일을 했다고 한다.

노파는 눈가를 훔치다가, 치맛자락을 만지작거린다.

"우리 집에도 삼대독자인 셋째동생이 있었어요. 우리 집안에 처음 있는 학생이지요. 봄이면 고사리도 뜯어다 팔고, 품도 팔고 그렇게 가르쳤어요. 우리 식구들도 굶으면서 숨어 있는 동생에게는 밤이면 보릿겨를 버무리고 나물죽도 쑤어다 주고 했어요. 토벌대는 동생 내놓으라고 날마다 닦달을 해요. 해도 해도 안 되니 나중에는 아버지를 데려다가 폭나무에 매달았어요. 끝판에는 동생도 당했지요. 산으로 피신한 집은 다 그랬어요."

무슨 말이 위로가 되랴. 어설픈 글줄 쓰겠다고 남의 아픈 마음을 후볐으니 후회막급이다. 노파가 콧물을 훔치면 나도 콧물을 닦고, 눈물을 닦으면 나도 눈물을 훔쳤다. 그렇게 하루해가 저물었다.

2006년 4·3 58주년을 맞아 고 노무현 대통령은 추도문을 발표했다. 한 구절이 기억에 남는다.

> 누구를 벌하고, 무엇을 빼앗자는 게 아닙니다. 사실은 사실대로 분명하게 밝히고 억울한 누명과 맺힌 한은 풀어주고, 고통 받는 분들의 상처를 치유하고 명예를 회복해 줘야 합니다. 자랑스러운 역사든 부끄러운 역사든 있는 그대로 밝히고 정리해야 합니다. 그래야 진정한 화해를 통해 통합의 길을 갈 수 있습니다.

바람이 가는 방향으로 고개를 돌렸다. 삼밭구석[麻田洞]에 서 있는 폭나무가 눈 안에 들어온다. 300년 넘게 삶을 이어오던 마을이 재가 되어버렸어도, 폭나무는 혼자 하늘을 이고 서 있다. 58년 된 응어리가 쉽게 풀리지 못해도, 언젠가는 제주도민들의 아픔이, 상처가, 서서히 치유되었으면 하는 바람이다.

새싹 움트는 소리가 들리는 듯하다. 잎이 어우러지는 여름이 오면 꽃맺이도 하겠지. 그런 상상과 함께 엊그제 만났던 그 노파의 쇠잔한 목소리가 귓전을 울린다

"폭나무 봤지요? 저 나무들이 옛날의 증인이지요. 그때는 까마귀들이 새까맣게 날아 다녔어요. 다 목격자들이지요. 말 못하는 나무지만 어찌 그때를 모른다 하겠어요."

바람을 맞으면서 바람 속에서 자라는 폭나무. 지나는 이의

눈길 한 번 받지 못한 채 없어진 마을을 지키며 홀로 서 있는 나무. 그 나무에는 제주도민이 겪은 삶의 진실이 담겨 있다. 거센 바닷바람에 힘겨운 성장이련만, 옹이진 마디 위쪽 잔가지에서는 새순이 강한 생명력으로 봄을 맞이하고 있다. 나무 위로 새 한 마리가 날아와 앉는다.

(2009)

3부

종이학의 기원祈願

괌 섬의 북쪽 제1번 순환도로를 끝까지 가다 보면 '이고(YIGO)'라는 곳에 이르는데, 거기에 평화기념공원이 있다. 공원이라면 으레 푸른 숲이나 잘 가꾸어진 동산을 연상하게 되지만, 이곳은 수목이 잘 자라서 보기 좋은 곳도 아니고, 호사스럽게 치장을 해서 눈길을 끄는 곳도 아니다.

객토를 하여 꽃밭을 가꾸었던 자리도 있고 구획을 하여 잔디를 심은 흔적도 있기는 하다. 그렇지만 남아 있는 것은 흡사 주인 없는 무덤에 성글게 자란 풀처럼 듬성듬성 말라죽은 자국뿐이다.

열대 지방에서 흔하게 볼 수 있는 붉은색 히비스커스 한 송이 없는 곳이다. 나지막한 산자락 끝에 조형물 하나만 덩그러니 서 있다. 두 손을 모아 합장을 한 모양인데, 높이가 15미터는 될 것 같다. 평화기념탑이라고 한다. 비바람에 군데군데 변색은 되었지만, 두 손을 모아 하늘로 솟구치는 모양은 간절하며 엄숙하기까지 하다. 주변이 허허롭고 별 볼만한 것이 없어서인지 가끔 지나가는 차량이나 눈에 뜨일 뿐, 인적은 드물다. 해를 바라보고 별의 속삭임을 들으면서 그저 두 손 모아 그렇게 서 있을 뿐이다.

그 기념탑이 서 있는 자리는 태평양전쟁 때 미군과 일본군이 치열한 싸움을 벌였던 곳. 피아간에 발생한 주검은 헤아릴 수조차 없었다고 한다. 전쟁이 끝난 뒤에도 근처를 지나는 사람 하나 없었고, 나뒹구느니 해골뿐이었다고 한다.

많은 세월이 지난 뒤, 죽은 병사들의 영혼을 달래기 위해 위령탑을 세웠다. 나무도 심고 꽃씨도 뿌렸지만, 화약과 쇳가루로 황폐해진 땅에서는 풀도 나무도 자라지 않았다. 그러나 이곳에서는 어디서도 찾아볼 수 없는 인간애가 넘쳐난다. 위령탑은 아군과 적군을 가리지 않고 오직 '죽은 이' 를 위로하기 위해서만 세워졌던 것이다.

갑자기 강한 비트의 음악이 시끄러운가 싶더니 빨간색 스포츠카 한 대가 바람을 일으키며 내닫는다. 웃옷을 벗어젖힌 네댓 명의 젊은이들이다. 들녘엔 그들이 남기고 간 신디사이저 소리, 그 전자음과 흙먼지만이 서서히 내려 깔린다.

푸르기만 하던 하늘에 구름송이가 점점이 나타나더니 이윽고 하늘을 가려 버린다. 빗방울 섞인 바람이 저만큼 언덕 아래

잡초에 나부끼더니, 다시 내 곁을 스친다. 산도 나무도 보이지 않는 들판에서는 바람도 쉴 곳을 찾지 못하는가 보다.

나는 위령탑 주변을 살핀다. 혹여 죽은 병사의 이름이라도 새겨 있지 않을까 싶어서다. 그러나 아무것도 없다. 만약 그들이 조상으로부터 물려받은 성씨조차 쓰지 못한 망국의 청년들이었다면, 이름이 남았다 한들 그것이 또 무슨 소용일까. 일본군으로 전사한 병사 가운데는 분명 우리의 젊은이들도 있었을 것이다. 바지저고리를 입고 논밭에서 쟁기질을 하다가, 혹은 사각모를 쓰고 시를 읊거나 노래를 부르다가, 아니면 갓 시집온 어린 지어미의 설움을 달래다가, 꼭 살아서 돌아오겠노라고 다짐한 이별들이 있었으련만.

나는 그곳에 서서 다시 50여 년 전 전화戰禍가 할퀴던 때를 상기한다. 그렇지만 내 처지에서 아무리 미루어 생각한다 해도, 어찌 그 시대의 아픔을 고스란히 더듬을 수 있을까.

지금은 안 계신 어머니는 가끔씩 당신의 막냇동생 이야기를 들려주었다. 내가 태어나기 전의 일이어서 그 외삼촌 얼굴을 친히는 모른다. 하지만 자라면서 들은 이야기나 사진으로 본 얼굴이 하도 생생해서 늘 살갑게 느껴졌었다.

징병으로 끌려가 남양군도에서 죽었다는 이야기를 할 때마다 어머니는 먼 하늘을 바라보곤 하였다. 한숨이 어린 그 눈에서는 늘 별이 빛났다. 그 외삼촌은 어머니가 눈을 감으실 때까지도 스물한 살의 막냇동생으로 가슴에 남았고, 내 상상 속에서는 어머니만큼의 나이를 보태어 갔다.

외삼촌은 한 동네에서 가까이 지내던 규수와 돌아오는 대로 혼인할 것을 약조하고 떠났다. 수리취 절편을 만들어 봇짐에 싸 넣어 보냈는데, 가을걷이도 시작하기 전에 돌아온 것은 전사통지서였다. 방에서 젖을 물리고 있던 어머니는 그만 아기를 방바닥에 놓치고 말았다. 그 아기가 나였다면서, 어머니는 그 이야기를 할 적마다 내 뒷머리를 쓸어주곤 하셨다.

혼인하기로 했던 그 규수는 더 이상 그 동네에서 살지 못했다. 그 규수는 마을 떠나기 전날 밤 어머니를 찾아왔더란다. 잘 가라는 말 한 마디 제대로 나누지 못하고, 손 붙잡고 입술만 깨물다 갔다고 한다. 어머니 손에 마지막으로 쥐어주고 간 것은, 어머니가 외삼촌 생일에 사준 만년필이더란다. 그 후 들리는 소문으로는 그 처자가 죽었다고도 하고 나이 많은 댁 후실로 갔다고도 했다.

늘 눈물짓던 어머니도 연세가 들면서는 담담하게 그 이야기를 들려주었다. 그리고 꼭 덧붙이는 끝말이 있었다.

"니 외삼촌 살았으면 꼭 나를 찾아왔겄지, 이렇게 막막하기야 하것나?"

아무리 생각해도 종이쪽지 한 장으로는 그 죽음을 받아들일 수 없다고도 했다. 부모님 일찍 여의고 큰누님인 당신 손으로 키우다시피 했으니, 그 가슴속이 오죽이나 아리었을까.

어머니가 지니셨던 빛바랜 사진도 지금은 없어졌지만, 외삼촌의 얼굴은 선명하게 되살아난다. 외삼촌이 죽은 곳이 괌 섬이었는지, 태평양 한가운데 어느 다른 섬인지도 모르면서, 어쩐지 괌에 내리는 날부터 어머니가 하던 이야기가 자꾸만 가슴을 울렸다. 하늘을 향해 두 손 모아 평화를 기원하는 조형물 앞에서 못내 숙연해지기만 했다.

검정색 나비 한 마리가 날아온다. 벨벳으로 만들어 붙인 듯한 날개가 참 곱다. 꽃도 없는 들판인데 어쩌자고 날아왔을까. 앉을 곳이 없는 듯 한참을 맴돌더니 어디론가 날아가 버린다.

사방을 둘러봐도 들꽃 한 송이 보이지 않는다. 멀찍이 황토가 허물어진 옆, 아까 바람이 머물다 간 그곳에서 들풀 한 움큼을 뜯어다가 위령탑 아래 놓았다. 그리고 종이학 하나를 접어서 그 위에 얹었다. 고향 하늘 같으면 울어줄 두견새라도 있으련만. 나는 그냥 오롯한 기원을 담아 머리를 숙였다.

"이 땅에 다시는 전쟁이 없게 하소서."

피이스 메모리얼 파크! 오늘도 그 탑은 평화를 염원하는 이들의 간절한 마음으로 우뚝 솟아 있으리라.

(1996)

나는 글자를 모은다

컴퓨터 전원을 누른다. 빨간 불이 켜진다. 깜박이는 불빛이 가슴을 설레게 한다. 웅—소리를 내면서 모니터가 밝아진다. 피아노 건반을 두드리듯 열 손가락이 나도 모르게 둥그스름하게 구부러지면서 내 가슴을 자판인 양 톡톡 토도–독 두들긴다. 한동안 느껴보지 못했던 희열이 온몸에 퍼진다. 흔한 일상이건만 왠지 모니터를 바라보는 감회가 남다르다. 얼마 만인가.

타고난 재능도 없으면서 깜냥에 글 쓴다고 나선 지 어느덧 십수 년이 지났다. 스트레스로 온몸에 열꽃이 피어나도 쓰고 싶은 마음 하나였다. 하루 세 차례 끼니 챙기는 일 아니고는 시집간 딸들마저도 멀리하면서 한 줄 또 한 줄 허투루 하지 않았다. 해가 가면서 제법 불어나는 글줄이 보람이었다.

좋은 글 한 편 쓸 수 있는 날이 언제일까 기다리던 지난해 봄이었다. 예기치 않은 큰 수술을 받게 되면서 한동안 글을 쓰지 못했다. 원고 청탁을 받을 때마다 구차스런 이 핑계 저 핑계를 댔다. 그런 날이면 성실치 못한 자신의 대답이 아픔으로 가슴을 허비었다.

매화 향 분분하던 올해 봄이다. 꽃 마중 가겠다고 한껏 부풀어 있었는데 다시 자리에 눕게 되었다. 하루하루 좋아지는가 싶더니 느닷없이 허리 통증으로 몸을 가눌 수 없게 되어버렸다. 스물네 시간 내내 진통제를 맞고 있어도 수그러들지 않기를 석 달여, 병치레가 잦았어도 그토록 혹독한 통증은 처음이었다.

35도를 웃도는 무더위가 왔다. 기상캐스터는 몇십 년 만의 기록이라고 전했지만, 에어컨의 냉기마저 받아들이지 못할 만큼 쇠약해졌다. 속수무책, 천장만 바라보고 있어야 했다. 혹서는 언젠가는 지나갈 테지만 가늠할 수도 없는 통증은 막막했다. 긴 여름은 그렇게 가고 있었다.

봄 가고 여름 가더니 어느새 가을도 깊어졌다. 나름대로 글 줍기에 매진한다고 했지만 게으름 피운 날들이 어찌 없었을까, 거동을 못하다 보니 지난날이 아쉽기만 하다.

하루에도 몇 번씩 정현종 시인의 "더 열심히 그 순간을 사랑할 것을 / 모든 순간이 꽃봉오리인 것을" 떠올린다. 언제까지 가버린 날들을 반추하며 멍하니 있을 수만은 없었다. 비록 불편한 상황이어도 '모든 순간이 꽃봉오리인 것을' 읊조리며 현실에 어울리는 방도方途를 찾고 싶었다.

처음 한동안은 열망해오던 '음악과 독서'에 빠졌다. 진수성찬도 몇 날이지 송충이는 솔잎이 제격인가 보다. 침대에 반듯하게 누운 채로 워드를 칠 수 있는 방법이 어디 없을까 궁리하기 시작했다. 어미의 말을 귀담아 들은 큰아들이 며칠 동안이나 인터넷을 검색해봤지만 마땅한 방법을 찾을 수 없더라고 했다. 막내아들까지 머리를 맞대고, 종이에 그림을 그렸다. 그 모양대로 마분지에 본을 떠서 가위로 재단을 하고, 테이프로 잇고, 각을 세워 내 몸 판에 씌워봤다. 그럴싸했다. 필요는 발명의 어머니라 했던가.

여러 날 벼르던 막내가 마침내 '침상용 컴퓨터책상' 이라는 이름의 책상을 들고 나타났다. 어미의 생각을 이루어준 것이다. 하얀 페인트로 말끔하게 단장을 했다.

설명을 덧붙이자면 어린애들이 바닥에 놓고 쓰는 두레기상 같다. 그 책상을 침대에 누워 있는 내 몸판 위에 놓고, 그 상판 위에 자판기를 세워 왼손으로 붙잡고 오른손으로는 자판을 두드리게 한다. 모니터가 놓인 데스크는 침대 오른편으로 놓고, 고개를 오른쪽으로 비스듬히 돌리면 모니터에 뜨는 글씨를 읽을 수 있으니 안성맞춤이다. 누워서 모니터를 바라보게 되어 눈이 조금 피로한 것 외에는 크게 불편하지 않았다.

ㄱ · ㄴ · ㄷ

한 자, 한 자씩 모니터에 떠오를 때면 반짝반짝 빛을 발한다. 빨리 병상을 떨치고 일어나라는 신호 같기도 하고, 밝은 미래를 예견하는 손짓 같기도 하다. 때로는 어린 시절 아버지가 연필 쥔 내 손을 꼭 잡고서 ㄱ ㄴ ㄷ 을 익히게 하는 앎의 길잡이가 되셨고, 이제는 어려운 상황을 받아들이는 삶의 수용으로써 ㄹ ㅁ ㅂ 을 새롭게 익히고 있다.

두 손을 써 오던 그동안에 비해 속도감이 없는 독수리 타법이지만 어떠랴. 자음 하나 모음 하나가 어우러져 글꼴을 이루고 한 글자 또 한 글자 나란히 옆줄로 늘어서니 티끌 모아 태산이 되고, 빗방울 모여 강을 이루듯 글자가 모아진다. 어제처럼 오늘도 나는 글자를 모은다. 다른 사람이 보면 웃을지 모르지만, 내게는 기쁨이요 감사가 넘치는 것을.

그악스럽던 통증도 조금씩 수그러들고 있다. 아직도 나를 못 잊어 그럴까, 가끔씩은 통증이 성깔을 부리지만 잘 지내보자고 다독인다. 그러노라면 의자에 앉아 밤을 지새우는 날도 머지않았으려니 싶다.

며칠째 모니터를 바라보고 헤실거리며 웃는 내게 아들들은 "우리 어머니 명작 탄생 중" 이라면서 너스레를 떤다. 명작은 아니어도 자판을 넘나드는 손길이 바빠지니 어찌 대견하지 않을 수 있으리오.

내 삶의 순항은 계속될 것이니 한 10년쯤 훨씬 지나서 옛이야기 하듯 그때 그런 일이 있었노라고, 바람처럼 스쳐 지났노라고. "모든 순간이 꽃봉오리인 것을" 가볍게 이야기할 수 있는 날이 있기를 소망할 뿐이다.

마우스를 이동시켜 커서를 '저장' 에 맞춰놓고, '끄기' 를 클릭한다. 웅—소리와 함께 오늘도 보이지 않는 글의 낱알이 '저장'에 쌓이고 있다.

(2008)

두고 온 항아리

김장철이 가까워지면 경복궁 전통공예미술관에서는 옹기 전시회가 열린다. 독과 항아리는 물론이지만 동이나 뚝배기 등, 자그만 용기들이 많이 나온다. 처음에는 구경삼아 재미로 갔었는데 요즘에는 뭔가 채워지지 않는 아쉬움으로 그곳을 간다.

몇 년 전 아파트로 이사를 하면서 그 때까지 살던 집에 항아리를 두고 왔다. 소래기까지 덮여 있는 그 항아리는 크고 우람스러워서 장독대 맨 뒷줄에 자리 잡고 있었다. 웬만한 독 두 개 높이는 되는데, 아래는 좁으며 위쪽으로 둥글게 배가 나와 어른 팔로 두 아름이 되는 큰 항아리였다.

아파트로 갈 것을 결정한 그 날부터 장독대를 몇 번씩 둘러보았지만 어느 한 가지 두고 갈 수가 없었다. 모란꽃이 그려진 백단지는 양념을 담아 두었고, 철 따라 밑반찬이나 장아찌를 삭여 갈무리하는 귀 단지는 운두가 낮고 팡파짐하게 생겼다. 자주 들락거리는 여름이면 아예 부엌으로 옮겨다 놓을 때도 있었다.

이른 봄 갖가지 젓갈을 담가 삭히는 방구리는 배가 나왔다고 해서 나 혼자 '배단지'라 부르곤 했다. 겨울 채비에 쓰이는 키 작은 항아리들은, 김치나 동치미를 담그면 군내 없고 톡 쏘는 맛이 일품이라는 어머니 말씀대로 늘 새 맛을 지니게 해 주었다.

마당 한 쪽에 자리한 장독대는 그렇게 삼십여 년 동안 우리 식구들의 먹거리 원천이 되었다. 어쩌다 집에 와서 장독대를 보는 이들은 서울 살림에 간수하기가 수월찮겠다며 탐을 내기도 했다. 대부분은 시집올 때 어머니가 마련해주었지만, 큰항아리와 그 밖의 몇 가지는, 나이 드시어 큰살림을 안 하게 된 어머니가 마당 넓은 우리 집으로 옮겨다 놓으셨다.

장맛이 좋아 으뜸으로 치던 그 큰항아리는 어머니 새색시 때 달구지에 실려와, 장정 둘이서 들마시했다는 후일담에 걸맞게 우리 집에서도 그 위용을 자랑했다.

봄이면 간장 담그기가 좋았고, 달여서 옮긴 다음에는 건어물이나 곡식들을 넣어두는 곡간이 되었다. 키가 크신 어머니는 물건을 넣고 꺼낼 때 아무렇지도 않게 하시더니, 어른이 되어서도 손이 닿지 않는 나는 앞에다가 디딤돌을 놓아두어,

올라설 때마다 어머니 생각이 일곤 했다. 이렇듯 어머니 손때 스민 항아리들은 나의 보배 같은 세간이 되었고, 나로 하여금 옛된 추억들에 젖어들게 만들었다.

내가 유년시절을 보낸 집 장독간은 뒤란에 있었다. 아침이면 쪽진 머리에 흰색 앞치마를 입은 어머니가 물행주로 장독 그릇을 닦았다. 그럴 때마다 졸린 눈을 비비며 어머니 치마꼬리를 붙잡고 뒤꼍에서 종종걸음쳤다.

반들거리고 윤기 나는 오지그릇에는 내 얼굴이 얼비쳤고, 그것이 신기하고 재미있어서, 노냥 뚜껑들을 만지작거리다가 열고 덮기를 거듭했다. 무엇이 담겼는지 알고 싶었고, 키 큰항아리는 키 작은 나에게는 넘겨다 볼 수 없는 비밀스런 곳이기도 했다.

반대기를 열 때마다 어머니 손에 들려진 갖가지 것들은 반찬으로 만들어져 상에 올랐다. 그것이 어떤 날에는 곶감이나 대추가 되기도 했고, 엿이나 홍시일 때는 더욱 신이 났다. 한겨울 군것질거리도 거기서 나왔다. 이런 것들이 뭉뚱그려져서 어린 나를 항아리 주변에서 맴돌게 했다.

술래잡기할 때면 숨기 좋았고, 꾸중들은 풀이로 훌쩍이던 곳도 그 그늘이었다. 그러다 어느 날 깜박 잠이 들어, 어두워질 때까지 종적을 몰라 찾아 나선 어머니를 놀라게도 했다. 소꿉놀이할 때도 장독대 뒤쪽에 있는 정구지를 뜯어 버무렸고, 까맣게 여문 분꽃 씨앗으로 얼굴에 분칠을 해 본 것도 모두 그 큰항아리 곁이었다.

6 · 25 전쟁 때는 구덩이를 파고 그 항아리를 땅속 깊이 묻었다. 항상 집안 일을 도와주는 이웃집 아저씨의 삽질 소리가 잠잠해진 다음, 항아리가 묻힌 그 자리는 곱게 일군 밭고랑이더니 피난길에서 돌아와 둘러보았을 때는 우부룩하게 자란 파밭이었다.

어머니가 아끼는 싱거 재봉틀과 성경책, 태극기, 그리고 소중하게 여기는 다른 살림들이 말짱한 채 그 항아리 속에서 나왔다. 이렇게 큰항아리에는 내 어린 시절 이야기가 배어있고, 어머니의 젊음과 인고의 삶이 굳은살처럼 박혀있다. 정읍에서 전주로, 다시 서울로 거듭되는 이사였어도 금간 데 하나 없이 의연하게 수문장 구실을 해왔다.

그러던 장독대가 수난을 겪기 시작한 것은 연탄광을 들이면서부터다. 식구가 늘고 살림이 불으면서 연탄을 쌓아 둘 헛간이 있어야 했다. 슬라브지붕 창고를 짓고, 항아리들을 그 위로 올렸다. 그러다가 기름보일러로 바꾸면서는 연탄광 자리에 잔디를 심고, 장독대는 이층 베란다 난간으로 옮겨 버렸다.

발길이 먼만큼 소래기를 여는 일도 뜸해졌다. 이층 계단을 지나 다시 밖으로 나가기보다는 냉장고를 활용하는 편이 수월했다. 커버린 아이들도 저장 음식보다는 인스턴트식품을 더 좋아했다.

때를 같이하여 앞뒷집, 옆집에서 높은 빌딩을 올리기 시작했다. 온종일 볕을 쬐지 못한 고추장 간장은 곰팡이가 슬었다. 먼지 낀 단지들은 물행주로 닦던 시절의 윤기를 잃어갔고, 어쩌다 빗물에 씻기는 외는 때깔 고운 예전의 모습을 찾을 수 없게 되었다. 큰항아리는 양념단지나 뚝배기, 쓰지 않는 자지레한 것들을 넣어두는 뒤주가 된 채 여러 해가 지났다.

아이들이 장성하여 곁을 떠나게 되면서 넓은 집을 간수하기가 힘들어졌다. 집을 내놓고 아파트로 오면서는 큰항아리 놓을만한 마땅한 자리를 마련하지 못했다. 작은 오지단지 몇 개 들고 와서 본래의 용도를 떠나 쌀독이나 꽃꽂이화분 받침으로 쓰고 있다. 그러면서도 그 큰항아리가 없는 것이 늘 허전하고 서운하다.

손가락으로 뚜드릴 때마다 탱 탱 울리는 소리, 그 소리만 듣고도 깨지고 금간 것을 알아차리던 어머니. 물동이나 여느 장독그릇에도 짝이 있는 법이라며 같은 모양새를 둘씩 마련해 주시던 어머니. 어느 독은 된장 맛이 좋고 고추장 담그기에 알맞다고, 봄이 오고 가을이 되면 독을 채우며 일년 살이 준비를 하시더니만. 이제 큰항아리는 없다 해도 세월의 덮개가 낀 칠십 년을 어찌 허투루 지울 수 있으랴. 안 계신 어머니가 아직도 내 가슴에 자리하듯 두고 온 항아리의 추억은 오래오래 기억되리라.

(1998년)

꽃물들이던 저녁

하늘이 환하다. 모처럼 만에 날이 드나 보다. 궂은 날씨 때문에 움츠리던 뜰의 꽃들이 활기를 되찾는다. 우중충하던 담장 밑 맨드라미가 한결 산뜻해졌다. 잎만 무성하던 분꽃 떨기도 노란색, 분홍색 꽃을 터뜨려 꽃밭이 싱싱하다. 분꽃 모종을 감나무 둘레에 옮길 때는 그늘진 것을 염려하였는데, 오히려 감나무의 넓은 잎이 우산 구실을 하였나 보다. 돌확 옆의 봉숭아는 반쯤 넘어져 안타까웠지만, 이제 꽃이 피는 것을 보니 괜찮을 것 같다.

이렇듯 우리 집 뜰에 자라는 꽃들은 제각각의 매력으로 한여름을 소담스럽게 수놓는다. 밥할 때를 알려준다는 분꽃의 소박함, 백 날을 간다는 백일홍의 끈기, 잔망하지만 억센 생활력을 자랑하는 각색 채송화. 그런 가운데서도 봉숭아꽃이 필 때면 고향집이 생각나고, 지금은 안 계신 어머니가 그리워진다.

어릴 때 내가 보던 어머니는 늘상 모시옷을 즐겨 입었다. 해 질 녘이면 옥색 치마랑 세모시 저고리를 꽃밭에 널어 둔다. 잘은 모르지만, 밤이슬로 마전함으로써 올새를 고르게 하고 곱게 다림질을 하기 위해서인 성싶다. 저녁 상을 물리고 토방에 내려가면, 마당 한가운데 놓인 평상에는 어느새 다림질이 끝난 옷들이 반듯하게 개켜져 있다.

언니와 마주앉아 다림질하는 어머니는, 가끔씩 평상 멀찍이 다리미를 들고 가서 사위어가는 숯불을 부채질한다. 재가 하얗게 날리면서 불잉걸은 되살아난다. 어둠을 배경으로 어머니의 얼굴이 붉게 비친다. 미처 사그라지지 않은 불티는 어머니 등 뒤에서 탁탁 튀며 별똥처럼 흩어진다. 화력을 되찾은 다리미는 다시 빨래를 잡고 있는 언니 쪽으로 오르락내리락 미끌어지며 어머니와 언니의 얼굴을 번갈아 밝힌다.

다림질이 끝난 뒤에 들려줄 옛이야기를 기다리며, 평상에 누워 바라보는 하늘에는 늘 별이 많기도 했다. 금방이라도 쏟아져 내릴 듯 가깝기만 해서, 손을 뻗으면 정말로 잡히기라도 할 듯 그런 여름밤이었다.

언제 다림질을 끝냈는지, 어머니는 치맛자락으로 누워 있는 나를 덮어 주며 부채질을 해주었다. 그것이 좋아서 굳이 홑이불이 싫다고 어깃장을 놓는 이유이기도 했다. 어머니의 냄새가 배어 있는 치맛자락이 오롯이 나만을 감싸줄 수 있기 때문이었으리라.

밤하늘의 별은 빈자리 없이 채워지고, 귓가에 흐르는 꽃 전설은 졸음이 되어 귓불에 매달렸다. 그때 들은 봉숭아꽃 이야기는 그저 어렴풋하다.

옛날 우리나라 임금님이 나쁜 사람들 때문에 중국으로 끌려갔단다. 임금님은 다시 돌아오고 싶어서 날마다 잠을 못 자던 어느 날 밤, 손가락에서 피를 뚝뚝 떨어뜨리며 가야금을 타는 소녀를 꿈에 보았다. 꿈이 하도 이상해서 사연을 알아보았다. 그랬더니 이곳으로 잡혀온 우리나라 소녀 하나가 있는데, 봉숭아물을 들이기 위해 손가락을 싸매고 가야금을 탔다는 것이다. 그 소녀는 임금님이 이곳에 왔다는 소문을 듣고, 비록 자신은 못 돌아갈지라도 임금님만은 무사히 돌아가소서 바라는 마음으로 밤마다 그렇게 가야금을 탔다고 한다

그 후 임금님은 고국으로 돌아오게 되었고 돌아와서 그 소녀를 찾았지만, 그 소녀는 이미 죽은 뒤였다. 임금님은 그 소녀의 갸륵한 마음씨를 기리기 위해 궁궐 뜰에 많은 봉숭아를 심게 했단다.

봉숭아꽃이 피기를 손꼽아 기다리던 초여름, 작은 꽃망울이 연두색으로 부풀기 시작하면 마음은 덩달아 꽃이 벙글기를 바란다. 그러던 어느 날 부푼 꽃망울이 빨간 잎술을 살며시 드러

내면 가슴은 마냥 뛴다.

꽃과 잎을 따서 그늘에 말리는 어머니를 쫓아 다니며 나는 또 묻는다. 빨간 꽃만 있으면 되는데 왜 자꾸 파란 이파리를 섞느냐고. 그때마다 어머니는 꽃만으로는 물이 쉬 빠지므로 이파리를 섞어야 물이 진하게 들고 오래 간다고 설명해 주었다. 그 이치를 알아차릴 수가 없어서 해마다 어머니를 곤혹스럽게 했다.

어머니는 이른 저녁을 끝낸 후 미리 다져 놓은 꽃반죽을 손톱에 얹어준 다음, 어머니 손보다 더 큰 아주까리 잎으로 꼭꼭 싸매준다. 행여 잠을 자다가 꽃반죽이 빠질세라 양손을 곧추 들고 있지만, 그것도 허사여서 어느새 자버린다.

새벽같이 일어나 손끝을 만져본다. 지난 밤 싸맸던 봉숭아물이 궁금해서다. 얼른 보고 싶어서 아주까리 잎을 살짝 젖혀 본다. 빨갛게 물든 손톱이 가슴을 설레게 한다. 실로 싸매었기에 가렵고 저린 손가락을 편 채 어머니를 부르며 부엌으로 내닫는다. 시치미를 떼고 손을 내민다. 어머니는 실을 올올이 풀어준 다음, 환히 웃으면서 내 등을 토닥여 주셨다.

담 너머에 사는 명자네 집에 가서 자랑하고 싶지만, 아직 해도 뜨지 않았다. 나는 마당을 서성거리면서, 아침 이슬이 함초롬한 봉숭아꽃과 내 손을 번갈아 보고 또 보곤 했었다.

어느덧 내가, 그 옛날 봉숭아꽃 얘기를 들려주던 어머니 나이가 되어 내 집 뜰 의자에 나앉아 있다. 두 딸은 꽃물들이던 어린 시절을 잊었는지, 매니큐어를 더 바친다. 훗날 그 애들이 어른이 되었을 때, 뒤뜰에 심었던 아주까리 씨를 받거나, 울밑에 봉숭아를 가꾸며 여름을 보내게 될지….

간밤에 비바람이 몹시 불더니 봉숭아 꽃잎이 많이 졌다. 꽃도 줍고 잎도 따서 옆집 애기엄마한테 갖다 줘야겠다. 꽃물을 어떻게 들이는지 모를 테니, 괭이밥 이파리 대신에 백반 가루를 넣고, 아주까리 잎이 없을 테니 비닐로 싸매어 주면 될 것이라 넌지시 일러 주려니.

(1996)

첫눈

점심을 먹고 가겠다던 딸아이는 오늘도 가기 싫은 눈치다. 하루하루 미루어 온 것이 그렁저렁 열흘이 넘는다. 아침이 오면 찻길이 한산한 저녁에 가겠다 하고, 저녁이 되면 길이 미끄러우니 다음날 가겠다 한다. 오늘은 크리스마스트리 장식을 끝낼 참이라더니, 그 일을 마쳐 놓고도 뭉그적거린다.

안 되겠다 싶어 내가 서둘렀다. 흐트러진 옷가지를 챙기고 쓰던 것들을 가방에 넣었다. 며칠 전부터 만들어 냉동시켰던 찌갯거리도 꺼내 놓고, 가자마자 금방이라도 먹을 수 있는 몇 가지는 따로 그릇에 담았다. 보자기에 싼 반찬그릇을 본 딸아이는 그제서야 일어나 신발장을 연다. 곁에서 어정쩡하게 서 있던 사위가 가방을 받아들고 앞장선다.

현관을 나서니 마침 내려오던 승강기가 우리 앞에서 멎는다. 어서 타라며 들여보냈다. 눈을 마주치지 않으려고 시선을 떨구니 왈칵 목이 메인다. 엉겹결에 승강기 단추를 눌렀다. 스르르 문이 닫힌다. 덜컥 하고 내려가는 찰나에 가슴에선 뜨거운 것이 치민다.

현관문을 닫고 거실에 올라서니 휑뎅그렁 어지럽다. 딸아이가 있었다고 해야 제 방에 누워 지냈을 뿐인데, 그 아이가 뜨고 나니 갑자기 빈집처럼 허허롭다. 탁자 위에 놓인 알람시계 초침 소리가 바늘 끝이 되어 가슴을 찌른다.

반찬거리를 담을 때만 해도, 옷가지를 챙길 때만 해도, 지금 같지는 않았다. 그저 가슴이 시리기만 했다. 너무 서둘러 보낸 것은 아닐까? 다시 부를까? 그 자문이 구원이라도 될 것처럼 잰걸음으로 다용도실 창문을 열었다. 딸아이가 내려가고 있음 직한 곳을 더듬었다. 바로 거기, 뒷마당을 지나 전나무가 서 있는 내리막을 가고 있다. 사위는 뒤쪽을 쳐다보며 걷는다. 몇 차례 그러는 것을 보자, 나도 모르게 손을 들어 흔들었다.

사위는 짐을 모아들고 빈 쪽 팔을 번쩍 들어 보인다. 옆으로 머리를 돌리는 것 같더니 그때까지 고개를 떨군 채 걸어가던 딸아이가 내 쪽을 바라보며 발길을 멈춘다. 그리고는 둘이서 연방 손사래를 친다.

걸어가는 두 아이 모습이 흐릿하게 뭉개지면서 세 사람 네 사람으로 보인다. 비탈진 굽이를 내려 모퉁이를 막 돌아설 때 빨간 코트 자락이 잠깐 펄럭이는가 싶더니, 이내 시계에서 사라진다. 그 애들의 손짓이 허공에 남아 있으려니 눈길을 드는데, 앞을 막아선 이웃 동棟 위에는 눈구름이 잿빛으로 내려앉는다.

작년 이맘때다. 딸아이가 시집가던 날이. 새신랑이 튼실해서 딸아이를 보내는 아쉬움이나 섭섭함은 털끝만큼도 없었다.

자그마하나마 전세 아파트에 살림을 옮기고, 여행에서 돌아와 먹게 될 음식을 만들어 나를 때도 발걸음은 가볍기만 했다. 햇살 가득 고인 발코니에는 오롱조롱 꽃들이 방긋거렸다. 화분에 심긴 벤자민은 푸르러 잎새마다 스치는 모차르트 선율이 집안 가득 넘쳤다.

내 집 마련의 꿈을 키우며 쉬임없이 맞일하는 두 사람의 빈 집은 언제 문을 열어도 깔끔했다. 서둘러 아이를 가져야 될 나이니 일터를 그만두는 게 좋잖겠느냐고, 말했던 며칠 뒤에 난데없는 재난이 그 아이를 덮쳤다.

아침상을 준비하고 있는데, 아무개가 교통사고를 당해 병원에 와 있으니 빨리 오라는 전화가 왔다. 숨 가쁘게 달려갔더니 그 아이는 벌써 방사선실에 들어가 있었다.

간이 콩알만 해진 내 앞에 그 아이는 이동침대에 실려 나왔다. 남편을 먼저 출근시키고 대충 설거지 끝내고 나니 늦어졌단다. 바삐 택시를 잡아 타고 골목을 나오는데, 갑자기 옆길에서 튀어나온 승용차에 받혔다는 것이다.

사진 상으로는 크게 다친 데가 없다는데, 우선 허리를 못

쓰고 받힌 쪽 다리를 짚지 못한다. 밥 먹고 화장실 가는 외에는 잠잘 때까지도 무거운 추錘를 매달고 있어야 했다.

특별한 외상이 없기로 쉬 일어나려니 수월케 생각했는데, 여러 주가 지나도록 차도가 보이지 않는다. 날씨는 더워 오고 장기치료에 대비해야 될 것 같았다. 숙고한 끝에 병원에서 쓰던 물리치료 기구를 그 애가 쓰던 방에 설치하고 집에 데려다 놓았다. 두 달 반의 지루한 나날이 이어졌다.

그렇게 여름 내내 크게 좋아지지 않더니, 소슬바람이 일면서는 그 아이 입가에 웃음이 피기 시작했다. 은행나무가 노랗게 물들고, 뒷마당 꽃 사과나무는 올들어 열매가 다닥다닥 잇꽃처럼 매달렸다. 붉게 익는 그 열매를 보고서는 빨간색 코트를 입고 싶다면서 가까스로 기동하게끔 되었다. 새옷을 입어보고 립스틱을 칠해보며 이 방 저 방 기웃거려본다. 전에 없이 얼굴에 생기가 돌고 환하다. 그런 모습을 지켜보는 내 마음은 두둥실 구름 위에서 노닌다. 신발장에서 하이힐을 꺼내 신고 몇 걸음 옮겨 딛다가는 그만 풀썩 주저앉는다. 힘에 부친 모양이다. 구두를 벗어던지고 우두커니 창밖을 내다본다. 그 아이 눈가에 짙은 그늘이 서리니 내 마음에도 먹물이 고인다.

제 방으로 들어가 TV를 켠다. 한 무리의 젊은이들이 왁자지껄 떠들며 설원에서 스키를 타는 장면이 확대된다. 스위치를 눌러 끄고 침대에 가서 누워버린다. 희망과 좌절이 반반씩 대거리로 교차된다.

아이 넷을 두어 어느 하나 마음 밖으로 내치지 않았건만, 그애는 항시 내 가슴 명치끝에 있다. 맏이여서 그럴까, 여린 순 같아서 그럴까. 나이가 들어서 세상 먼지도 묻었을 법한데 여전히 순하기만 하다. 어려서부터 여낙낙하여 큰 어려움은 겪지 않았지만, 그것이 되레 실팍하지 못한 연연함으로 처졌다.

조금 우선해지면서는 내가 더 안달했다. 일단은 출가한 몸이다. 6개월이 넘게 병구완을 하는 동안 출퇴근길이 멀어 고생한 사위. 아무리 편하게 있으랬지만 제 집만 하랴 싶은 생각에, 어서 너희 집으로 가거라고 다그치는 심정이 되었다. 결혼할 때 등을 떼밀어 보낸 에미가, 또 지금은 덜 나은 아이를 마구 내몰아야 하는 에미가 될밖에 없다니…. 그런 것들이 나를 죄스럽게 만들고, 서럽게 만든다.

닫혀 있는 딸아이 방문을 열었다. 여느 때와 똑같다. 침대 머리 작은 등이 꺼진 것 외에는. 책상 위의 볼펜, 좀 전까지 만지작거리던 음악 테이프와 CD, 로션, 쓰고 갈까 머뭇거리다 두고 간 모자, 읽던 책 등. 카세트라디오는 불이 들어와 있는 채다.

이불자락을 젖혔다. 아직 따뜻하다. 베개 대신 베고 있던 얇은 방석은 가운데가 꺼져 있다. 장신구마냥 허리에 매달고 지내던 쇳덩어리 추는 발치에 길게 늘어뜨려져 있다.

다시 창가에 섰다. 어느새 눈발이 날린다. 올해 첫눈이다. 우리 딸애만 한 여인이 어린애를 유모차에 태워서 밀고 가는 모습이 보인다.

아, 꽃을 사러 가야 되겠다. 내일이 바로 우리 아이들이 첫 번째 맞는 결혼기념일이다.

(1997년)

나폴레옹과 제비꽃

브뤼셀에서 워털루(Waterloo)로 가는 버스를 탔다. 한 시간쯤 달리다가 잠시 들린 곳은 18세기에 축조된 고성인데, 울창한 숲 속에 있어 정취가 그윽했다. 안팎을 둘러보고 버스에 오를 즈음에 하늘이 낮게 내려앉더니, 한적한 시골길에 접어들면서는 후두둑 빗방울이 듣는다. 앞 유리창의 와이퍼가 바쁘게 움직이면서 마주 오는 차 두어 대를 비킨 후에, 버스는 큰길 옆 작은 레스토랑 뒤편에 멈추었다.

주차장이라 하기에는 조금 엉성한 공지 한쪽에 자그마한 조상彫像이 서 있다. 이름이나 안내문도 따로 없이 서 있는 프랑스 군복차림의 나폴레옹. 관광버스 사이에, 관광객 틈새에 있어서 그런지 파리에서 보았던 것만큼 힘차고 용맹스럽지가 못하다. 들이치는 비바람에 실그러져 보이는 그 옛날의 제왕은

1미터가 조금 넘는 작디작은 모습으로 먼 하늘을 향해 서 있다. 구름 낀 하늘여서 그런지 그림자는 짧기만 하다. 그는 무엇을 바라보고 있을까.

불가능은 없다고 호언하던 나폴레옹은 이곳 워털루 들녘에서 영국의 웰링턴 장군이 이끄는 연합군에 패했다. 격전지 자리에는 군데군데 구조물이 남아 있고 잘 가꾸어진 잔디만이 푸르러 지난날의 이야기는 귀설게 들릴 뿐이다.

맑게 갠힌 하늘에 구름이 덮인다. 6월인데도 옷섶을 파고드는 찬바람이 몸을 웅크리게 한다. 간간이 들려오는 음악 소리가 있어 두리번거렸더니 길 건너편에 있는 전시관 스피커에서 행진곡이 울려나온다. 언덕으로 바람이 치불 때면 병정들의 구둣발 소리처럼 들리고, 바람이 멎으면 희미한 함성이 되어 하늘에 흩어진다. 마주 보이는 건물 벽에는 나폴레옹의 사진에 인쇄된 포스터가 붙어 있어 바람이 스칠 적마다 퍼르르 떤다. 되돌고 되나는 사람은 많아도 누구 하나 눈여겨보는 이가 없다.

워털루에 오기 며칠 전, 파리 루브르 미술관에서 〈나폴레옹 대관식〉이라는 그림을 보았다. 너비가 10미터나 되는 루브르 미술관에서 두 번째 큰 그림이다. 백여 명도 더 되어 보이는 사람들이 배경으로 서 있어 웅장하게 보일 뿐만 아니라, 화폭에 흐르는 빛에 따라 변화하는 낱낱의 얼굴 표정이 생동감 있게 그려졌다.

로마 황제밖에 쓸 수 없다는 월계관을 머리에 얹은 나폴레옹. 그 뒤로는 어딘가 불안스럽게 앉아 있는 교황이 보이고, 나폴레옹은 또 하나의 관을 들고 서 있다. 그의 발아래 다소곳이 두 손을 모아 쥐고 무릎을 꾼 조세핀. 그들 두 사람이 입은 붉은빛에 금빛 수를 놓은 긴 가운은 화려함이나 장엄함이 그 큰 화면에서 역력히 드러나 보인다.

대관식이 있던 날, 가톨릭 교회와 사이가 좋지 않던 나폴레옹은 그날을 기해 화해하고, 대관식을 주재할 교황 비오 7세는 자기 앞에 무릎 꿇을 나폴레옹을 생각하면서 식장에 나아간다. 그런데 교황이 씌우려는 왕관을 받아든 나폴레옹은 관중들에게 돌아서서 스스로 월계관을 자기 머리에 얹었다. 그리고는 조세핀의 머리에는 황후의 관을 직접 씌워준다.

루브르 미술관에 있는 그림은 바로 이 순간을 그린 다비드의 작품이다. 파리 시내 어디를 가도 크고 화려한 동상들은 나폴레옹과 관련된 것들이며, 곳곳에 있는 문화유적들은 그가 펼친 원정의 부산물이 아니던가. 그런데 오늘 그런 휘황한 빛과는 정반대인 패전지, 워털루의 몽생장(Mont Saint Jean)을 찾아왔다.

빗줄기가 조금 그치는가 싶더니 큰길 쪽에서 버스 한 대가 들어와 주차장에 선다. 출입구를 빠져나온 사람들은 길 건너편 언덕을 향해 발길을 옮긴다.

끝없이 넓게 펼쳐진 들녘 한모퉁이에는 흙을 돋우어 만든

피라미드 모형의 언덕이 있다. 200여 단의 가파른 돌층계를 오르면 꼭대기에 이르는데, 거기에는 돌로 만든 높은 단 위에 거대한 사자상獅子像이 있다. 주물鑄物로 된 그 사자 상은 연합군이 나폴레옹 군대로부터 노획한 무기를 녹여 세운 전승기념물이다.

사로잠근 철책을 밀고 들어서니 뒷다리 사이로 꼬리를 감아 넣고 금방이라도 포효할 듯이 오연傲然한 자세로 멀리 프랑스를 내려다보고 있다. 비온 뒤끝이라 그곳 들녘은 보이지 않는다 해도 광활한 초원에 물결치는 바람은 한가롭기만 하다.

천천히 돌층계를 내려와 건물 모퉁이를 막 돌아서는데 풀섶에 핀 제비꽃 몇 송이가 바람에 흔들린다.

나폴레옹은 제비꽃을 좋아했다고 한다. 엘바 섬으로 유배되어 가면서 제비꽃이 필 때 다시 오겠노라고 했던 그의 말은 널리 알려진 이야기다. 그 약속대로 파리에 다시 입성할 때는 제비꽃이 한창 피어 있었다. 그러나 워털루 결전이 있던 1815년 6월, 또 한 번의 패배를 겪은 그가 세인트 헬레나 섬으로 유배되면서도 다시 한 번 제비꽃이 필 것을 가늠했는지.

그의 생애를 마치던 날 밤은 비바람이 몰아쳤다 한다. 더불어 영화를 누렸던 화가 다비드도 브뤼셀로 망명하여 죽었다.

전시관을 둘러보고 밖으로 나왔다. 날씨는 다시 기운다. 버스 한 대가 사람들을 싣고 주차장을 떠난다.

지금은 풀 섶으로 넓어진 옛 전장 터는 양 떼와 소들이 풀을 뜨고 있다. 말없이 흘러가는 저 하늘의 구름처럼 오늘도 바람은 무심히 지난다. 그 옛날에도 지났을 바람이.

버스에 올랐다. 곧이어 출발한다는 안내 방송이다. 아까부터 쥐고 있던 손을 폈다. 벽걸이용의 작은 접시에는 말을 타고 달리는 나폴레옹의 얼굴이 선연하다.

창 밖으로 사위의 푸르름 속에 서 있는 조상은 점점 멀어져 가고 있었다.

(1998)

꽃잎을 잃은 국화

그 아주머니와 내가 만난 것은 10년이 더 되었을 것이다. 가을이 오고 집수리를 시작한 다음날 길 건넛집에 이사를 왔다. 골목이라고 하기에는 좀 넓은 길을 사이에 두고 마주 보는, 초록색 지붕의 예쁜 집이다. 그림 동화책에서 읽었던 과자로 만든 집처럼 생겼다고 해서 우리 애들은 '과자집'이라고 부르곤 했다.

그 집에는 벌써 대학생이 둘이나 있고, 그이가 나보다 나이도 더 들어 보여서 아주머니라고 불렀다. 우리는 비슷한 날짜에 집수리를 하고 있어, 얼마나 힘이 드느냐며 서로 웃음을 나누다보니 어느새 가까워졌다.

그 집은 우리보다 여러 가지로 넉넉해 보였다. 이층에는 잘 정돈된 홈바도 꾸며져 있었고, 지하층에는 사우나 시설도 갖추어져 있었다. 나도 그 나이쯤 이면 저렇게 '과자집'처럼 꾸미고 살게 될까 상상을 해 보지만, 어림이 잘 안되는지라 우선은 꽃밭부터 예쁘게 꾸며보리라 소박한 마음을 먹었다. 무슨 꽃을 어떻게 심을까 궁리하고 있을 때 그 아주머니가 우리 집에 놀러 왔고, 국화 전시회에 가겠느냐는 말에 선뜻 따라 나섰다.

꽃을 보러 갈 때는 늘 가슴이 뛴다. 국화 전시장에 도착하니 여러 가지 모양으로 가꾼 대국大菊 중국中菊들이 저마다 아름다움을 뽐내고 있어, 어느 꽃과 눈을 맞추어야 할지 모를 지경이었다. 잔잔한 꽃들이 어우러진 소국小菊과 현애를 둘러보다가, 문득 국화에 남다른 정을 쏟으셨던 아버지 생각이 나서, 자색 현애와 노란색 대국을 골라 들었다. 그 아주머니는 보라색 소국과 흰색 중국을 갖고 싶어 했는데, 3층탑처럼 가꾸어진 흰색 국화는 누가 보아도 욕심을 낼만했다.

국화가 있어 꽃밭이 더욱 풍성했고, 하늘도 마냥 푸르렀다. 봄가을로 서초동과 구파발 꽃가게를 오가며 우리는 무언의 약속을 했고, 그 일은 오랫동안 계속되었다. 그러던 어느 가을, 11월이 다 지나도록 나는 국화 전시회를 잊고 있었다. 궁금한 마음으로 '과자집'에 들렀더니, 그 아주머니가 잔디밭에서 풀을 뽑고 있었다. 감기가 낫지 않아 병원에 다니다 보니 국화 보러 가는 것도 잊었다며 힘없이 웃었다.

이듬해 봄 꽃모종을 사올 때다. 그 아주머니는 예전의 환한 웃음 대신 근심이 가득한 얼굴로 자꾸 먼 산만 바라보았다.

화훼농원에 다녀온 나는 밤이 늦도록 애들과 함께 꽃을 심어 2층 베란다와 아래층 테라스에 옮겨 놓은 며칠 후 '과자집'에 들렀다. 아주머니는 자기 집에서 우리 집을 바라보면, 봄꽃이 위 아래층 난간에 알록달록 놓여 있어 마치 스위스 산장을 보는 것 같다며 부러워했다. 우리 마당에서 올려다보는 것보다 그 집 2층에서 마주 보는 것이 화분의 자리며 꽃의 어우러짐을 한 눈에 볼 수 있어, 봄이면 한번씩은 '과자집' 2층에 올라가게 되었다. 그날도 새로 심은 우리 집 꽃도 볼 겸, 그 아주머니는 어떻게 심었는가도 볼 겸 그 집을 찾은 것이다.

그런데 아주머니는 병원에 들어간다면서 짐을 챙기고 있었다. 며칠 전보다 안색이 나빠 보였고, 고통스러워하는 아주머니의 모습에 그 집 2층에는 올라가지도 못하고 그냥만 돌아서야 했다. 그 집 마당에는 벌써 심었어야 할 꽃들이, 뜯기지도 않은 채 비닐봉지 속에서 시들고 있었다. 몇 포기라도 살려야 할 것 같아서 꽃삽을 가져다가 어우러진 철쭉 근처에 심어주고 나왔다.

여름이 되었다. 이층 난간에 있는 페튜니아 화분에 물을 주러 올라갔다가, 맞은 편 과자집 창가에서 희미한 그림자를 보았다. 머리에 수건을 두르고 우리 집을 바라보고 있는 그 아주머니였다. 하도 반가워 막 손을 흔들려는데 금세 그의 모습이 사라져버렸다. 그 뒤로 몇 차렌가 더 그 집엘 갔지만, 몸이 불편해 아무도 만나지 않으신다는, 일하는 분의 대답만 듣고 돌아왔다.

그 아주머니가 암으로 고생하고 있다는 사실을 알게 된 것은 얼마 후였다. 노랗게 물들기 시작한 감나무 잎이 오후의 햇볕에 더욱 영롱하던 날, 잠깐 들러 달라는 아주머니의 전갈이 왔다. 얼른 건너갔다. 얼마동안 마주하지 못한 사이에 알아볼 수 없을 만큼 수척한 얼굴이지만 가벼운 화장을 하고 있었다. 보랏빛 꽃무늬 원피스 차림에 머리에도 같은 천의 스카프를 두르고 있었다. 딸의 혼사를 서둘렀더니 오늘 밤 함이 들어오게 되었다고, 그것을 보고 싶어 병원에서 잠시 외출했는데 내일 다시 병원으로 갈 것이라 했다. 이번에는 병원에 오래 있지 않을 것 같으니, 나오면 같이 국화를 보러 가자며, 일어서는 내 손을 힘없이 잡았다.

초저녁이 지나 시끌벅적한 함진아비의 외침이 텅 빈 잔디밭으로 쏟아지고, 온 집을 밝힌 불빛도 허허롭기만 했다. 그 무렵 나는 집을 나설 때나 돌아올 때, 그 집 대문 안에 무척 마음이 쓰였다. 무엇을 기다리기라도 하는 것이었을까. 반쯤 열린 대문 안으로 그림자 져 보이는 흰 국화는 마치 검은 리본을 맨 상장喪章처럼만 보였다.

땅거미가 마당에 내리고, 소슬바람에 떨어진 감나무 잎을 태우려고 꽃밭으로 나섰다. 그리고는 갑자기 가슴에 부딪히는 소리가 있어 얼른 대문을 밀쳤다. '과자집' 대문은 활짝 열렸고 흰색 국화로 꾸민 조화가 마당에서부터 대문 밖까지 줄지어 놓여 있었다. 겨울이 아직 남았는데 '과자집'을 헐고 빌딩을 올린다는 이야기를 들었다. 몇 달이 지나자 그 자리엔 높다란 석조 건물이 들어섰고, 그렇게도 아끼던 잔디밭도 국화도 더는 볼 수 없게 되었다.

젊은 부인이 새로 들어 왔다는 말도 들렸다. 아버지 결혼식 날 울며 뛰쳐나간 딸이 있었다고…. 그해 가을 흰색 국화는 다른 해보다 이르게 꽃잎을 잃었다. 그 후로 흰색 국화를 나는 심지 않는다.

(1995)

내 안에 봄

꽃밭 나들이를 하게 된 연유는 이러하다. 시난고난 앓다 보니 마음속 소망마저 점차 빛이 바래지고 있을 때였다. 마음을 비운다 해도 조급해지는 마음은 어쩔 수 없었다.

그날도 오늘 하루를 어떻게 견디나 하는 심란한 마음이 가슴속 가득 밀려왔다. 창 밖에는 꽃샘바람이 쌀쌀하게 불고 있었다. 불현듯 바람을 쐬고 싶었다. 두툼한 옷으로 채비를 마치고 도우미아주머니의 부축을 받으며 집을 나섰다. 참으로 오랜만이었다. 옷깃에 스미는 바람결이 오소소했지만 얼굴에 스치는 느낌은 상쾌했다.

해바른 양지쪽을 따라 몇 걸음 떼다 보니 나도 모르게 꽃밭으로 들어서고 있었다. 내가 살고 있는 아파트 동棟 바로 옆에 있는 꽃밭이다. 아프기 전에는 자주 들렀던 곳이다. 인기척도 없고 소음도 들리지 않는 뜰. 봄날의 고즈넉함이 감돌았다. 어쩌다 새 두어 마리가 오종종 잔디밭에서 놀고 있는 게 전부였다.

사방을 둘러보니 눈에 익은 나무들이 제자리에 서 있었다. 벚나무의 일고여덟씩 무더기진 꽃망울들이 도도록했고, 떨기나무들도 물이 오르느라 수런거렸다. 침잠의 겨울을 쓸어내고 생명들이 소생하고 있었다. 잠시나마 눈을 돌려 움트는 나뭇가지를 바라볼 수 있음이 신기했다. 얼마 전까지만 해도 심란했던 마음이 조금씩 녹아졌다

고개를 들어 하늘을 올려다보았다. 눈에 들지 않던 하늘의 색깔이며 구름의 모양이 눈에 들었다. 딛고 선 발아래도 겨울을 지낸 누르스름한 잔디밭이 봄 빛깔로 물들 준비를 하고 있었다. 언 땅을 비집고 나온 파릇파릇한 새싹. 경이로웠다. 다시는 못 볼 줄 알았던 계절의 순환이었다. 한없이 무기력한 내게는 돋아나는 새순이 충격이었다.

내 아픔만이 견디기 어렵다고 한숨 쉬고 있을 때, 꽃들은 언 땅 속에서 해동하기를 기다려 흙을 비집고 움을 틔웠을 것이다. 어찌 하찮게 여길 수 있으랴. 우두커니 서 있는 지금 이 시간에도 쉼없이 싹을 틔우고 있을 것이다. 꽃들이라고 해서 그들이 겪는 아픔과 고통이 왜 없었을까.

잎새 하나 없는 빈 가지들도 눈앞에 있었다. 개나리 진달래 철쭉들도 봄을 꿈꾸고 있지 않은가. 바싹 마른 가지 어디에

힘을 실었다가 꽃을 피우기 위해 사력을 다하는 *푸나무들, 그 수세樹勢가 한없이 부러웠다.

잠시 꽃밭을 다녀 온 그날 이후, 가지마다 뾰조롬하게 움튼 새순이 눈앞에서 떠나지 않았다. 나도 그 새순처럼 생기가 돌고 변화를 가져올 수 있을까. 줄기가 튼실해지고 잎이 자라듯 그렇게 좋아질 수는 없는 것일까. 푸나무들처럼 내 몸에 봄을 심고 가꿀 수는 없을까.

그렇게 여러 날이 지났다. 나를 비켜간 줄 알았던 소망이 어렴풋이 보이는 듯했다. 나는 조물주가 지으신 고귀한 생명이다. 어찌하여 낙심하는가. 머지않아 푸나무들도 꽃망울을 터트려 삼라만상에 꽃 잔치를 벌일 것이고, 세상을 온통 수런거리게 할 것이 아닌가. 마음속에 도사리고 있는 어둠에서 몸을 추스르고 싶다는 의지가 생겼다. 그래, 내 안에 봄을 가꾸자, 그리고 꽃을 피우자.

궂은비나 스산하게 부는 바람이 아니고 햇살이 따습다 느껴질 때면 꽃밭으로 갔다. 새 생명이 피어나는 그들 곁에서 볕바라기를 하고 싶었다. 오랜 시간 머물 수 없어 잠시 바람을 쐴 뿐인데도 가라앉았던 마음이 한결 나아지고 있었다. 쏟아지는 햇빛 속에서 흙냄새 풀냄새가 향기로웠다. 햇살 머금은 풀꽃을 손으로 어루만지기도 했다. 봄빛의 다습고 정겨움이 내 몸으로 전해왔다.

비록 짧은 시간이지만 내 처지에 맞는 최상의 나들이였다.

다른 이에게는 하찮은 시간일 수 있지만 내게는 그 짧은 시간이 몇 시간보다도 길고 소중했다.

날이 가면서 꽃밭에는 참 많은 꽃들이 피고 졌다. 합창을 하듯 피어난 개나리 벚꽃은 그 화사함을 뽐냈고, 풀꽃들은 약속이라도 하듯 싸목싸목 피고 졌다. 덤불 사이에서 핀 가녀린 제비꽃 한 송이도 나만을 위한 꽃으로 여겨졌다. 생명 있음이 감사했고 작은 기쁨이 큰 기쁨으로 느껴져 내 마음에 강물처럼 흐르게 했다.

봄이 이울고 있다. 아직 내 병고는 떠나지 않았지만 마음속 의지는 흙을 뚫고 소생하는 움처럼 생기롭다. 바라만보아도 기쁨이 생기고 감동을 느낄 수 있었던 봄볕 가득한 꽃밭. 잠깐밖에 누릴 수 없는 짧은 만남이지만 내게 소망을 주었던 푸나무들에게 어찌 감사하지 않으랴. 눈부신 봄 햇살은 축복이었다.

*푸나무 (풀과 나무)

(2009)

닛코(日光)의 삼나무 숲

말복末伏의 홍초紅草

매화 송이송이

벗은 나무의 동화

아름다운 뒷모습, 로스트로포비치

정한情恨

닛코(日光)의 삼나무 숲

숲으로 들어선다.

일본의 한 작은 마을 닛코(日光)의 삼나무 숲이다. 60여 년 전 아버지가 걸었던 숲길을 찾아왔다. 그 옛날 아버지의 흔적은 어디에도 남아 있지 않지만 생경스럽지가 않다. 어릴 때 참참이 들었던 정경들이어서 그런가, 낯설음 속에 스며 있는 낯익음 때문일까. 지난날 아버지가 들려준 얘기들이 귓가에 어린다.

"우리 집 대문 앞에 있는 전봇대 있지? 그보다 몇 갑절은 크단다. 하늘도 안 보여. 병정들이 나란히 줄을 서 있는 것 같거든."

하늘로 치솟은 나무들을 올려다본다. 늠름한 그 위용이 외경스럽다. 더께 앉은 밑동을 바라보며 6백여 년 묵은 세월을 절감한다. 감히 바람도 흔들지 못하는 아름드리 둥치. 스치는 바람소리는 귓가에 담기는데 나무는 미동도 않는다.

어릴 적 심심풀이로 듣던 얘기가 아니었음을 실감한다. 웬만큼 잘 자란 나무들도 우듬지가 어디쯤인지 시선이 닿을 수 있건만, 발돋움을 해 보고 머리를 뒤로 젖혀 봐도 나무 끝 간 데를 따를 수가 없다. 하늘을 향하여 무한처럼 바라볼 뿐이다.

두두룩한 언덕에 선 나무들도 한결같은 키 높이다. 바윗돌이 들쭉날쭉한 둔덕 어귀에도, 비탈굽이에 서 있는 나무들도 하도 높아, 볕이 쬐지 않은 곳처럼 어둑하기만 하다. 어쩌면 새벽을 열 그 무렵 두리가 밝아지기 시작하는 갓밝이라고 할까. 자명紫明의 빛이라고 할까.

유년 시절 상상 속 그림으로 펼쳐졌던 나무들이 너르디너른 숲을 이룬 거목으로, 지금 내 곁에 서 있다. 지난날의 기억들이 하나씩 푸른 잎으로 나뭇가지에 매달린다. "숨바꼭질? 찾을 수가 없지. 아버지만큼 큰 어른 둘이 나무 뒤에 숨어도 보이질 않아. 술래가 찾으러 다니다가 길을 잃을 수도 있어. 어찌나 숲이 너른지." 그러한 닛코(日光)의 얘기를 커가면서 들어왔기에 '언젠가는 꼭 한 번' 이라는 벼름으로 각인되었던 것이다. 그러던 지난겨울, 재직하고 있는 대학에서 안식년을 맞은 오라버니가 동경에 있는 게이오(京應) 대학의 방문교수로 일년 동안 동경에 머물게 되었다. 아파트가 주어졌고 시간도 넉넉하다면서 우리 형제들을 불러주었다. 그런 연유로 내가 지금의 닛코의 삼림 속에 서 있는 것이다.

닛코의 삼나무 숲에는 아버지의 추억이 하나 더 있다. 1,200년 전 나라시대에 세워진 도쇼구(東照宮) 경내에 있는 유일한 목조건조물인 오층탑이다. 이 탑에는 산자루(三猿), 세 마리의 원숭이들이 조각되어 있다. 한 마리는 앞발로 눈을 가리고, 또 한 마리는 귀를 막고, 다른 한 마리는 입을 막고 있었다.

내용인즉 악은 보지 말고, 듣지도 말고, 말하지도 말라는 뜻이라고 한다. 그 탑 앞에 우리 형제들이 나란히 섰다. 아버지 젊은 시절에 세 마리 원숭이를 배경으로 기념촬영을 했던 곳이다.

30여 년 전 오라버니가 유학을 왔을 때도 그 목탑을 찾았으며, 얼마 전에는 오라버니의 막내아들인 조카도 같은 자리에서 사진을 찍었다고 한다. 그리고 오늘, 우리 형제들이 세 마리의 원숭이가 조각된 탑 앞에서 또 하나의 추억을 만들었다. 같은 배경으로 우리는 아버지의 옛 모습을 그리었고, 조카는 뵙지 못한 할아버지를 떠올렸을 것이다.

지난날 아버지의 사진에서처럼 그 공간은 여전했다. 세 마리의 원숭이가 새겨진 모습도 변하지 않았으며, 구전되어 오는 이야기도 다르지 않았다. 더불어 서로의 존재에 맞물리듯 삼나무 숲도 그 자리에 있었다. 30km가 넘는 긴 삼나무 길을 다 구경하지는 못했어도 웬만큼은 거닐었다. 옛날에 아버지도 오늘의 나처럼, 거침없이 서 있는 저 나무들을 올려다보며 수

관선樹冠線의 아름다움을 감탄했을 것이라고 짐작해 본다.

닛코의 삼나무 숲을 이야기할 때마다, 두 팔을 번쩍 들어 만세 부르는 시늉을 하던 아버지. 나무의 곧음을 그렇게 설명해 주었고, 다시 두 팔을 양옆으로 둥그스름하게 펼쳐 보이며, 두 아름도 넘는 우람한 줄기라는 것을 일러주었는데. 매번 듣는 같은 줄거리였지만 지루함 없이 상상의 나래를 펼 수 있었던 진초록의 이야기들.

아버지를 생각할 때면 늘 가슴 가까이 다가왔던 나무. 언제나 숲을 지키며 해후邂逅할 날을 기다리고 있었을 삼나무. 오래고 오랜 벼름의 후미에서 지금 내가 그 숲에 들어 있다.

한 떼의 새들이 나무 사이로 날개를 치며 날아간다. 새들이 떠나간 하늘 저편을 올려다본다. 나무들이 너무 높아 쉴 곳을 찾지 못해선가, 둥글게 허공을 돌다가 숲 저편으로 멀어진다. 저녁 어스름이 나무 사이로 스미고 있다.

바람이 지난다. 순간, 먼 옛날 아버지가 서 계셨던 자리에, 그때에 스치던 그 바람이겠거니 귀를 모았다.

꿈을 그리게 했던 나무들. 유년 시절을 남기고 닛코의 삼나무 숲을 나온다.

(2003년)

말복末伏의 홍초紅草

땡볕 쨍쨍한 무더위에 매미소리도 잠잠해진 한낮, 토담 모퉁이 그늘마저도 뙤약볕에 내어주고 나니 공기놀이도 땅 따먹기도 더는 할 수 없었다. 여덟 살 계집아이는 시무룩한 얼굴로 치맛자락에 묻은 흙을 털며 토방으로 올라섰다. 바둑이도 마루 밑에서 배를 깔고 잠들어 있었다. 어디를 둘러봐도 놀아줄 동무가 없었다. 한참을 마루 끝에 앉아 고개를 갸우뚱거리고 있더니 쪼르르 어머니한테 달려갔다. 그리고는 난데없이 닭곰(백숙)을 해달라고 조르기 시작했다. 재봉틀을 돌리고 있던 어머니는 물끄러미 아이를 바라보더니 고개를 돌려 마당으로 눈길을 떨구었다.

복날에는 복달임으로 닭곰을 해 먹는 날이라고 아까 옆집 할아버지한테서 들었다면서, 오늘은 말복이니 말띠인 내 날이 아니냐고, 그러니 어서 내게 맛있는 것을 해 줘야 한다고 떼를 썼다.

다음날 해 질 녘이었다. 어머니는 둥그런 쟁반을 툇마루에 놓고 부채질을 하고 있었다. 멀찌감치서 소꿉놀이를 하고 있던 아이는 어머니 음성을 듣고 쏜살같이 내달았다. 뜨거운 김이 모락모락 피어오르는 대접에는 약병아리 반쪽이 담겨 있었다. 수저를 들다 말고 어머니를 올려다봤다.

"닭 곱는 냄새가 바람 타고 옆집으로 가잖것냐. 그 댁 할머니 쬐금 드렸어야. 어서 먹어라, 어서."

그릇을 다 비우고서는 몇 밤을 자면 또 말복이 돌아오느냐고 어머니께 물었다. 6 · 25 전쟁 다음 해였으니 50년도 훨씬 전 일이다.

초복이 가고 중복도 지나, 내일 모레가 말복末伏이라는 말을 들을 때면 어김없이 가슴이 싸해진다. 그리고는 그 여름날에 있었던 아린 기억을 가슴에서 꺼내본다.

어찌 마련해서 닭곰을 해 주셨는지 물어 본 일 없이 어머니는 세상을 뜨셨다. 언니 오빠랑 둘러앉아 입맛이라도 다셨다면 자초지종을 들을 수 있었으련만, 나 혼자 먹었으니 짐작 가는 것도 없다.

곱상할 수 없는 딸내미. 성가시게 굴었어도 한 마디 나무람 없이 돌돌돌 미싱만 돌리시더니…. 그러다가 바느질감을 놓은 채 한참씩 마당가에 붉게 핀 홍초 무더기만 하염없이 내다보시던 그 눈길. 철들면서는 한 번도 어머니께 떼를 써본 일이 없었다. 막막해 하시던 어머니 얼굴이 떠올라서였다. 해 주고 싶어도 해 줄 수 없는 어머니 마음을 헤아리게 된 것은 내가 어미 된 뒤였다.

수십 년이 지난 지금도 닭곰을 앞에 놓을 때면, 내 얼굴을 두 손으로 감싸며 다음날 만들어 주겠다고 조용히 어르시던 그 한 마디 귓가에 맴돈다.

어머니, 여름만 되면 철없이 굴었던 그 어린 날이 생각납니다.

(2005년)

매화꽃 송이송이

단오端午입니다.

우편물을 챙기다 보니 두툼한 봉투가 눈에 들었습니다. 봉투 안에는 홍매화 꽃잎 그려진 색색깔의 봉투 묶음과 자그만 쥘부채였습니다. 송화색, 옥색, 복사꽃빛깔, 살구빛깔, 봉투 낱낱에 붉은빛 뚝뚝 붓끝에 묻혀 그려진 매화꽃이파리들이 하르르하르르 제 치마폭에 날립니다. 흰색 마거릿 꽃이 그려진 쥘부채에서도 꽃바람이 살랑입니다.

꽃잎 봉투를 선물로 받은 것은 지난해 이맘때였습니다. 스승의 날을 맞아 그레이스 문우 몇 명이 투병 중인 선생님을 찾아뵈었을 때, 사모님께서 모란꽃이 그려진 부채와 한지 봉투 열몇 장씩을 나눠주셨습니다. 흰색 한지를 속장으로, 색깔 있는 한지는 겉봉으로 해서 만든 봉투 아랫단에, 붉은 빛깔

매화 두 송이가 단아하게 그려져 있었습니다. 사모님 솜씨라고 했습니다.

손에 든 부채와 꽃봉투가 하도 고와서, 우리 모두는 편찮으신 선생님이 옆에 계신 것도 아랑곳없이 웃음꽃을 피웠습니다. 그 후 뵐 때마다 어김없이 건네주시는 그 꽃잎 봉투를 받아들곤 했습니다.

그때 주신 모란꽃 부채는 장식용으로 벽에 걸어 두었고, 꽃잎 봉투는 귀한 선물이어서 하찮게 쓸 수가 없었습니다. 가끔씩 화장대 서랍을 열고 한참씩 들여다보며, 어느 색깔을 쓸까 만지작거리다가는 아까운 마음에 슬며시 서랍을 닫아버리곤 합니다.

용처도 다양했습니다. 어떤 문우는 따님 혼사 때 사돈댁에 선물을 담아 드려 큰 치하를 받았다 하고, 또 누구는 단단히 생색낼 자리에만 그 꽃잎 봉투를 사용해서 크게 칭찬을 받았다고 합니다. 저도 마찬가지였습니다. 이제 두어 장 남아 아끼고 있는데, 오늘, 단오절을 맞아 보내셨다는 사모님의 짤막한 글을 읽으면서 생각나는 것은 5월이면 선생님께서 쓰시는 〈아내를 위한 詩〉였습니다.

선생님이 계신다면 올해도 어김없이 신록의 계절을 맞아 5월을 찬미하는 생일축시를 쓰셨을 텐데… 그런 추억들을 가슴에 안고 사모님께서는 천 송이 만 송이 매화꽃을 그려, 지인들에게 오월의 맑은 기운을 꽃 마음으로 나눠주시는가 봅니다.

지난겨울 사모님께서는 화상을 입어 여러 달 동안 병동에 계셨답니다. 아직도 상처가 아물지 않아 거동이 불편한데도 실버타운에 있는 몇몇 분들에게 그림을 가르쳐드려, 그분들과 함께 단오절을 맞아 부채전시회를 열었다고 합니다.

떠나신 지 어느새 1년이 가까워 옵니다. 그레이스, 도봉, 운현, 반포 수필교실 등, 선생님을 기리는 제자들이 뜻을 모아 추모문집을 준비하고 있습니다. 평생을 오직 프랑스문학에 헌신하시어 연구하고 번역하고 수필창작에 몰두하신 선생님. 지나온 삶을 돌아보며 정말 훌륭한 생을 마치셨구나, 고개를 숙입니다. 큰 대접을 받아야 마땅하실 일, 조촐한 문집으로 대신하려니 송구스럽기만 합니다. 혹여 시키지 않은 일을 왜 하느냐고 꾸중이나 아니하실지 염려스럽기도 합니다.

김시헌 선생님께서 일러 주시는 대로 생전에 선생님과 가깝게 지내시던 원로 선생님들께 작품 부탁을 드렸더니 기꺼이 글을 보내주셨습니다. 윤모촌 선생님께서는 병환이 깊어 말씀 나누기도 어려우신 듯한데, "정 선생이 저 세상에서 들으면 아주 기뻐하시겠네… 남사를 생각하며 내 글 한 편 쓰리다." 모든 일이 어렵지 않은 것은 생전에 선생님께서 덕을 쌓은 때문이라 믿습니다.

선생님, 그레이스 동인들 생각 많이 하시죠. 선생님 계실 때 출석하던 문우들 빠짐없이 글공부에 정진하고 있습니다. 정진권 선생님께서 정성을 다해 지도해 주시니 바랄 것이 없다고 합니다.

한 가지 가슴 아픈 소식을 말씀드리지 않을 수 없군요. 지난 3월 매원 박연구 선생님께서 타계하셨습니다. 현대수필문학상 시상식이 있는 그날 새벽이었습니다. 사돈지간인 두 어른께서 평소에도 다정하게 지내시더니, 가시는 길마저도 앞서고 뒤따르며 그렇게 가셔야만 했는지요.

미처 전하지 못한 얘기가 있습니다. 선생님께서 심사위원장이셨던 신곡문학상 시상식이 지난 1월에 있었습니다. 부족한 제가 그 상을 받았습니다. 그날 내내 언젠가 제게 들려주신 말씀을 상기했습니다.

"서운케 생각지 않았으면 싶어요." 그렇게 서두를 꺼내시었죠. 문학상 후보에 제 이름이 거론되었지만, 조금 이르다 싶어 밀쳐놨다고 하셨습니다. 그리곤 이렇게 덧붙이셨습니다

"상은 조금 늦었다 싶은 게 좋습니다."

전혀 섭섭하지가 않았습니다. 웬만하면 자신이 가르친 제자들을 내세우려는 게 세태인데, 심사위원장으로 계신 선생님께서는 제 이름이 거론되는 게 되레 불편하셨으리라 여겨집니다.

그날 시상식이 끝난 뒤, 정 교수가 있었으면 얼마나 기뻐하셨을까, 김시헌 선생님께서 그렇게 말씀하시며 제 손을 잡아주셨습니다. 그날의 모든 영광을 선생님께 드립니다.

중요한 얘기를 빠뜨릴 뻔했군요. 선생님 떠나신 지난해 10월, 선생님께서 번역하시었던 아폴리네르 시집 ≪목숨은 사랑

에 바치리≫가 출간되었습니다. 두어 달만 일찍 책이 나왔어도, 하는 아쉬움이 컸습니다. 사모님께서 주선하시어 12월 선생님 생신을 기해 조촐한 출판기념모임을 가질 수 있었습니다. 선생님께서 재직하셨던 대학 제자들의 시낭송과 여러 원로 선생님들께서 자리를 빛내주시었습니다.

선생님, 눈을 감으셨어도 사모님께서 매화꽃 피우는 소리 오늘도 듣고 계실 줄 압니다. 꽃내음에 섞여 아득한 향기로 젖어오는 매화꽃잎. 송이송이 향내를 뿜으며 화사하게 벙근 꽃잎들. 소원과 정성을 담아 붓끝으로 피워내는 다홍빛 매화꽃은 선생님을 기리는 빛깔이 아닐까요. 사랑으로 함께한 세월을 꼽으며 그 꽃마음을 굽어보시리라 생각됩니다. 선생님께서 쓰셨던 생일축시 〈당신은 꽃을 그립니다〉라는 시를 읽으며 이만 줄입니다.

> 오늘도 당신은 꽃을 그리고 있습니다 /어제도 그렸고 그제도 그렸고 날마다 그렇게 매화꽃을 그리고 있습니다 천 송이 만 송이 / 당신이 그려내는 꽃은 세월의 흐름 속으로 떠가는 /사념의 가닥을 머물게 하는 별이던가 (중략)

(2003, 정봉구 선생님 추모문집에)

벗은 나무의 동화

(어디서 보았을까. 꿈속에서였을까, 저렇게 설피게, 그것도 뭉툭뭉툭 잘리고 나니 어디선가 보았던 아, 바로 그 나무!)

드나드는 길목에서 늘 만나는 플라타너스 한 그루가 있다. 잎새 무성할 때는 별 관심이 안 가다가도, 잎을 다 떨구고 나면 눈길을 끈다. 벗은 나무를 볼 때면 겨울이 더욱 추워진다.

나무 아래는 좌판이나 광주리를 놓고 물건을 파는 아주머니 두셋과 할머니 한 분이 앉아 있다. 비닐 주머니 안에는 푸성귀나 마른 곡식이 들어 있고, 그 옆 넓적한 그릇에는 인절미며 시루떡이 담겨 있다. 가끔씩 절기에 맞는 먹거리가 놓일 때도 있지만, 대개는 연중 내내 비슷한 것들이다.

해 질 녘 그곳을 지나게 되면 곡식이나 푸성귀를 사 들고

올 때도 있지만, 떡 파는 할머니 앞에 자주 멈추곤 한다. 더울 때는 팔다 남은 떡이 쉴 것 같고, 찬바람 일면 손이 시릴 것 같아서다.

나물 이름이나 어떻게 요리해 먹는지 묻기도 하며 말을 트고 지내는데도, 언제나 웃음기 없는 무심한 얼굴로 하늘을 쳐다본다거나 우두커니 앉아 떡이 담긴 쟁반만을 내려다보고 있다. 떡을 살 때마다 내 가슴에 아픔이 번져오는 것은, 고단한 삶의 파장이 전해와서일까.

그런데 엊그제 일이다. 나들이 다녀오던 한낮, 나무 아래 으레 있어야 될 좌판도, 아주머니들도 보이지 않았다. 대신 사다리차에 올라탄 어떤 사람이 그 나무를 자르고 있었다. 전기사고를 막기 위해 봄이 오기 전 나뭇가지를 자른다고 한다.

뚝뚝 잘린 가지가 발 앞에 떨어진다. 그걸 집어드니, 차갑게 느껴지는 표피와는 달리, 손끝을 타고 전해오는 따뜻함이 가슴으로 스민다. 좀 전까지 뿌리 아래쪽에서 줄기 속으로 올려 보냈을 수액이 내 혈관으로 흘러드는 것만 같다.

잘린 나무 모습을 한참 동안 바라보다가, 수북이 쌓인 가지를 뒤로하고 걸음을 옮겼다. 발길이 무겁다. 모퉁이를 돌아서다 말고 뒤를 돌아보았다. 그리곤 나도 모르게 아!… 소리를 내며 그 자리에 서고 말았다.

가지를 치던 사람은 가 버렸고, 그 나무는 굵은 가지 몇 개만 남은 채 변신한 모습으로 덩그러니 서 있는 것이다. 나무가 추울 것 같다. 저렇게 설피게, 그것도 뭉툭뭉툭 잘리고 말았으니.

"저 모습, 저 모습을 어디에서 보았는데…. 맞아."

하루에도 몇 번씩 늘 보고 있는 나무 모습 바로 그것이었다.

그 나무는 우리 집 벽에 걸린 박수근 화백의 그림인 〈나목裸木〉이었다.

몇 해 전이던가. 어느 화랑이 그의 추모전을 가지면서 원화 몇 폭을 판화로 제작한 일이 있었다. 판화를 좋아하던 나는 그 중 몇 점을 샀다. 〈나무와 두 여인〉, 〈노상의 여인〉, 〈아기 업은 소녀 〉라고 이름 붙여진 작품인데, 그것을 바꾸어 가면서 안방 벽에 걸어놓고 있다.

나는 뛰다시피 집으로 들어왔다. 그리고 그림 앞에 앉았다. 회색 바탕의 두툼한 질감. 비록 입체감은 없지만 이끼 낀 화강암 표면 같은 작은 점으로 나타낸 화법. 황토색 섞인 산야가 보이고 잎 하나 남아 있지 않은 나무. 그 나무 아래서 무언가를 팔고 있는 아낙들과 애기 업은 소녀의 모습을 볼 수 있었다.

그림을 볼 때마다 소박하게 보이는 그들에게서 정감어린 어머니를 만나고, 어릴 적 어머니 손을 잡고 따라간 저잣거리의 아주머니들과 살던 집 담장 옆에 서 있던 나무도 그 그림 속에서 볼 수 있었다.

그림은 여전했다. 나목 아래 앉아 물건을 파는 아낙도 애기 업은 소녀도. 들어오는 길목에서 만난 그 플라타너스가 그림 속의 나목이라는 것을 확인하는 순간, 아낙도 소녀도 그림 밖으로 걸어 나와 나에게 말을 걸었다. 등에 업힌 아이에게서도 칭얼대는 소리가 들려왔다.

그림 속 아낙은 길모퉁이에 선 플라타너스 밑의 여인이고, 떡장수 할머니는 내 유년 시절의 친구 명자 어머니 모습이며, 애기 업은 소녀가 동생을 업은 명자라는 것을. 그런 생각에 잠기다 보니 나도 모르게 눈시울이 뜨거워졌다.

함지를 머리에 이고 있는 아낙은 명자 어머니였다. 떡 사요 ---. 소리치며 종종걸음치던 그 음성과 모습이 눈에 보이는 듯하다. 제 어머니 치마꼬리를 붙잡고 끌리듯 따라다니던 명자, 마른버짐 핀 얼굴에 발그레 웃음짓던 얼굴이 그림 속에 있다.

명자 어머니는 가끔 집에 와서 일을 도왔다. 그때마다 따라오는 명자는 나와 동갑이고 손이 맞아 잘 어울렸다. 명자 아버지는 여러 해 신병으로 누워 있다가 세상을 뜨고 말았다. 그래서 명자 어머니는 생계를 짊어져야 했고, 일곱 살 된 명자가 동생 둘을 돌봐야만 했다.

떡 함지를 이고 서둘러 나간 그 애 어머니는 해 질 무렵에야 돌아왔다. 어쩌다 밝은 낮에, 빈 함지를 한쪽 겨드랑이에 끼고, 또 한 손에는 깨엿이나 지푸라기로 매단 명태 따위를 들고 들어오는 날에는 골목 안이 환했다.

"엄니--- "

명자는 제 어머니를 부르며 내달았다. 그렇지 못한 날은 떡 함지를 머리에 인 채 기운 없이 돌아왔다. 그런 날이면 명자 어머니는 칭얼거리는 어린것에게 젖을 물리면서 한숨만 쉬었다. 그리곤 저녁도 짓지 않고 왜 길에 섰느냐고 명자를 쥐어박곤 했다. 그날 저녁은 밥은 없이 떡으로 대신했다.

내가 학교에서 돌아오면, 명자는 늘 담장 옆 큰 나무 밑에 앉아 있다. 등에 업은 동생을 추스르면서 방금 집을 나온 시늉을 했다. 하지만 나는 안다. 이른 아침 토담 모퉁이에 서서 학교 가는 내 뒷모습을 먼발치로 바라보며 서 있었던 것을. 그리고 언제쯤 내가 올 것인가 고개를 내밀어 기다렸음을.

끼니는 물론 먹을 것은 매번 같이 나눠 먹건만 늘 허기져 하던 얼굴. 그 애 집을 이끌어갈 아버지의 부재가, 어머니의 행상이, 학교에 갈 수 없음이 언제나 마음을 텅 비게 했을 것이다. 그러고 두 해가 지나 우리는 그곳을 떴다. 명자네도 그 애네 외갓집으로 간다고 했다.

다시 한 번 벽에 걸린 그림을 바라본다. 아이를 업고 늘 누군가를 기다리고 있는 소녀의 모습에서 명자를 떠올린다. 그 소녀는 누구를 기다릴까. 행상 나간 엄마일까. 학교에서 돌아올 친구일까. 아니면 일찍 여의었던 아버지일까.

그때 명자가 꽃을 좋아했다는 생각이 났다. 그러자 신기하게도 빈 나뭇가지에 송이송이 꽃이 피어나기 시작했다. 그 꽃의 향기라도 맡겠다는 듯 그림 앞으로 바짝 다가갔다. 그런 후, 나는 아이를 등에 업은 소녀의 모습으로, 다시 나무 밑에 앉아 떡을 파는 아낙의 모습이 되기도 했다. 방에 어둠이 내릴 때까지 그렇게 앉아 있었다.

작은 나무가 자라 우람해지듯, 제 동생을 업고 어머니를 기다리던 단발머리 명자도 머리가 희끗거릴 텐데, 그림 속에는 지나간 시절과 오늘이 어우러져 함께 만나고 있다.

길모퉁이에서 좌판을 펼친 아주머니와 떡 파는 할머니는, 화면에 그려진 우리 모두의 어제 오늘이며, 전날 보았던 민둥나무인 플라타너스도 어릴 때 살던 집 담장 곁에 선 나무였을지도 모를 일이고…. 나는 왜 그 플라타너스 앞을 수없이 지나면서도 우리 집 그림 속의 나무 모습인 것을 진즉에 알아차리지 못했을까.

오늘도 나는 길모퉁이에 서 있는 플라타너스 앞을 지났다. 비록 곁가지는 잘려나가고 앙상한 둥치만 남았어도, 잘린 나무는 생명의 약속인 작은 눈이 있기에 겨울잠이 깨면 다시 잎을 피울 것이다.

험한 손길과 굽은 허리, 햇볕에 그을린 주름진 모습들이지만 그 나무 밑에서 세월을 딛고 꾸려 가는 여인들의 나날을 지켜보며, 그림 속에 살고 있는 내 추억 속의 나무와 아낙들, 그리고 명자를 떠올린다.

(1999)

아름다운 뒷모습, 로스트로포비치

즐겨 듣는 음악이 있다. 바흐의 첼로 모음곡이다. 오랜 시간 가까이 하다 보니 좋아지기도 했지만, 그 음악을 새롭게 만난 계기가 있었다.

여러 해 전, 러시아 태생인 로스트로포비치의 첼로 연주회가 예술의 전당에서 있었다. 예정된 순서를 마친 그는 청중들의 끊임없는 박수에 답하는 앙코르곡을 들려주기 위해 다시 무대 중앙에 섰다. 바른손에 들고 있는 첼로를 다른 손으로 바꿔 드는가 싶더니, 좀 전까지 앉아 연주했던 의자를 번쩍 들어 청중을 뒤로하고, 무대 뒤쪽이라고 하는 합창단 석을 향해 그 의자를 내려놓는다. 그런 뒤 콘서트홀을 가득 메운 청중을 향해 허리를 굽히며 마주하지 못하고 뒤돌아서 미안하다고 양해를 구했다.

당황한 젊은 피아니스트는 재빠르게 몸을 움직여, 그랜드 피아노를 무대 뒤쪽을 향해 돌려놓으려고 밀기 시작했다. 그러자 로스트로포비치는 팔을 내저으며 피아니스트를 그냥 그 자리에 있게 했다. 무대에서 그런 일이 벌어지고 있는 동안 청중들은 우레 같은 박수를 보내고 있었다. 아름다운 뒷모습에 대한 갈채였으리라.

피아노의 전주가 울리고, 지그시 눈을 감고 앉아 첼로를 껴안고 있던 그는 합창단 석에 앉은 청중을 바라보며 연주를 시작했다. 좀 전에 들려주었던 바흐의 무반주 첼로 모음곡을. 무거운 분위기로 가슴을 파고드는 그 선율은 오래전에 읽었던 신문 기사를 떠올리게 했다.

일본에서 지진으로 희생당한 고인을 위해 추모음악회가 열렸을 때의 이야기다. 로스트로포비치는 우리에게 들려주었던 바흐의 무반주 첼로 모음곡을 그때 일본에서도 연주했었다. 무대 조명도 켜지 않고 어둠 속에서 그 곡을 연주했으며, 연주가 끝났을 때도 박수를 치지 못하게 했다는 기사를 읽었을 때 큰 감동을 받은 일이 있다.

슬픈 사람을 위해 연주했다는 그가 우리 무대 위에서는 그런 사람이 없어서였는지 박수를 못 치게 하지는 않았다. 그리고 일부러 불을 끄지도 않았다.

그는 오래전에 베를린 장벽 붕괴 축하 연주와 소련 쿠데타를 반대하는 연주를 하기도 했다. 그렇게 음악을 통한 평화의 메시지를 전해 우리 마음을 훈훈하게 해주었다.

생각 속에 잠겨 있다 보니 무대에서는 어느 사이 세 번의 앙코르 연주가 끝나고 사람들은 기립박수를 보내느라 자리를 떠나지 못했다. 열정적인 연주 탓인지 조금은 비틀거리는 걸음으로 피아니스트의 부축을 받으면서 무대 뒤로 사라진다. 천천히 손을 흔들면서.

젊음이 넘치던 날부터 칠십이 넘어 머리가 하얗게 센 오늘까지 연주해온 마에스트로. 주름이 깊은 손가락은 앞으로도 건강이 허락하는 한 현을 울릴 것이다.

아주 오래전에도 그의 내한 연주회에 간 일이 있다. 예술의 전당이 세워지기 전이었으니 그의 나이도 50대였을 것이다. 요즘처럼 세계적인 대가가 자주 오는 때가 아니었기에, 소중함도 더 했다. 그때 함께 간 딸아이는 바이올린을 공부하는 여학생이었고, 우리가 앉은자리는 연주자를 가까이서 볼 수 있는 앞자리였다. 연주자의 활이 첼로의 네 현을 오르내릴 때마다 긁혀지는 소리와 함께 숨을 몰아쉬던 딸아이는 연주가 끝나 홀을 나올 때, 소리없이 눈물을 흘리더니만 나중에는 큰 소리로 울고 있었다.

떠밀려 나오는 사람들 속에서 어쩔 줄 몰라 당황했던 나는 곧 그 애의 감성을 이해할 수 있었다.

연주가에게서 받은 감동을 울음으로 나타내던 딸아이는 여학생 때처럼 그렇게 눈물을 흘리지는 않았다. 그 옛날의 감성이 아니라고 그때의 감격을 느끼지 못해서라고 말할 수는 없을 것이다. 그동안 많은 연주회를 접하기도 했고, 살림하는 생활인어서도 그럴 테지만 남을 배려할 줄 아는 마음, 그가 나누어 준 인정이 더 큰 감동으로 가슴을 적시었기 때문이리라.

요즘에도 가끔씩 예술의전당 콘서트홀에 가거나, 바흐의 첼로 모음곡을 들을 때면, 그날 밤의 연주회를 떠올린다. 음악을 사랑하지만 값비싼 회원권보다는 값이 저렴하고, 어느 좌석보다 지휘자의 얼굴 표정을 낱낱이 느낄 수 있으며, 가까이서 연주를 확실히 들을 수 있기에 즐겨 찾는 그 자리. 불과 몇 미터 앞에서 얼굴을 마주하고 연주하는 노대가를 바라보며 기쁨을 감추지 못하던 우리 아이들과 나 그리고 합창단 석에 앉은 사람들.

그날 밤 그곳에 있었던 청중들도 지금 나처럼, 가슴속에 한 폭의 그림을 간직하고 있을 것이다. 돌아앉은 연주자의 그 아름다운 뒷모습을. 그래서 첼로의 여운, 그 넉넉한 음색으로 젖어드는 낮은 소리의 이야기를 떠올릴 것이다.

(2000)

정한情恨

가는 비가 내리는 날이었다. 친구와 함께 서소문동에 있는 시립미술관으로 갔다. 천경자 화백의 작품 기증을 기념하는 전시가 미술관 개관전으로 열리고 있었다.

전시실에는 그의 일생을 조망할 수 있는 〈천경자의 혼〉이라는 영상물과 함께, 세계여행을 하면서 그린 스케치와 여행풍물화, 자신의 모습을 담은 자화상, 동경 미술학교에 다니고 있을 때의 습작, 인체드로잉, 채색화 등이 전시되고 있다.

1940년대부터 1990년대에 이르는 60여 년에 걸친 작품들이다. 그녀가 제일 아끼는 작품 〈생태〉에서 뱀이 눈을 끈다. 평생을 예술가로 삶을 불태워온 화가이며, 한 여성으로 아름다운 삶을 살아온 자연인으로의 모습이 거기에 있다.

그림을 둘러보고 〈화가의 방〉이라는 커다란 사진 앞에 걸음을 멈추었다. 생전의 그가 작업을 하던 화실이다. 방금 전까지 일을 하다가 잠시 숨을 돌리고 앉아 있는 그런 모습인, 실물 크기의 사진이 벽 전체를 차지하고 있다. 사진이 하도 선명해서 마치 그분이 실제로 거기 있는 것만 같다. 오래전 그의 화실에 갔을 때, 그날의 모습 그대로다. 나도 모르게 가까이 다가섰다. 그녀의 시선과 마주친다.

"어찌끄나, 새댁 맞소, 잉?"

환청인 듯 들리는 그의 목소리에 붙박인 듯 서 있다. 맞아요, 저…. 더 바짝 다가갔다. 어서 와서 앉지 않고 왜 서 있느냐고 손사래를 친다.

아마 1977년이거나 그 다음 해였을 것이다. 집 근처 목욕탕이었다. 그분은 안쪽 구석진 곳에 앉아 있었다. 지면을 통해서 낯이 익어설까, 옆모습이 단박에 눈에 들었다. 입구 쪽에 자리를 정한 나는 그쪽으로만 마음이 쏠렸다. 선생님이 앉아 있는 그 옆자리로 옮겨갔다.

막 앉으려는데, 비누 조각이 바닥에 눌어붙어 있었던가 하마터면 미끄러질 뻔했다. 그 바람에 들고 있던 목욕대야가 기울어지면서 그 안에 담긴 여러 가지들이 와르르 쏟아졌다. 로션 병 하나가 데구르르 구르더니, 뚜껑이 열렸던가 로션이 걸쭉하게 흘러내렸다. 엉겁결에 엎질러진 물건들을 집으려 하니, 어느새 바닥에 흩어진 자질부레한 것들을 주섬주섬 챙겨

서 대야에 담아 준다. 그리고는 어서 여기 앉으라면서 한 옆으로 비켜 앉는다.

"새댁잉가본디 재바르기도 허요, 잉."

민망함으로 제대로 앉지도 못했다. 쭈그린 내 앉음새가 불편해 보이는지 선생님의 눈길은 내게서 떠나지 않았다. 추워 보인다면서 따뜻한 물을 받아 끼얹어 주기도 했다.

"새댁, 내가 등 밀어주까, 잉?"

갑자기 말문이 막혔다. 무슨 말인가를 해야겠다고 어물어물 머뭇거리고 있을 때, 어느새 타월을 접은 그의 손이 내 등을 쓱쓱 밀고 있었다.

"정말 분떡 같소, 잉. 무슨 말인가 알것소?"

그 말뜻을 모르지 않는다. 내가 살던 곳 전주全州에서도 살빛이 흰 사람을 볼 때면 분떡각씨라고 일렀다.

여름에 피는 분꽃 씨앗이 다 여물면 겉껍질은 새까맣고 더 단단해졌다. 작고 동그란 그 씨앗을 송곳니로 으지적 깨물면 새하얀 가루가 묻어나곤 했다. 흰 가루를 얼굴에 바르고 소꿉장난을 하고 놀았으니 그 말뜻을 어찌 모르랴. 그제서야 기어들어가는 소리로,

"저-- 선생님을 알고 있는데요."

그리고 새댁이 아니라 서른네댓이라고 했다. 막내가 유치원에 다닌다는 말도 했다. 겉모습을 갖추고 예를 드려도 시원찮은데, 어마두지 얼토당토 않는 말을 하고 말았다. 앞 뒤 가늠

도 없이 후닥닥 자리를 옮긴 것이 서투른 짓거리 같았다는 생각이 들었다. 그의 손길은 내 등뿐 아니라 팔이나 다리까지도 꼼꼼하게 닦고 있었다. 어린아이들을 요모조모 씻겨 주듯이 손 안 가는 곳 없이 비누칠까지 하고서는 물을 끼얹는 것도 잊지 않았다. 그 모든 일들은 익숙한 손놀림으로 이루어졌다. 사양할 겨를도 없었다.

"우리 큰아보다 멧살 우게고만, 잉."

단발머리여서 그런지 아무리 봐도 새댁 같다면서, 그 호칭을 재미있어 했다. 한참이나 물끄러미 바라보고 있다가는 이렇게 말을 했다.

"쪼까 이쪽으로…. 이만큼 앉아 보까."

선생님 옆으로 조금 가깝게 다가갔다. 옆은 햇살이 비치고 있었다. 고개를 들어 올려다보니 머리 위쪽으로 작은 창이 있었다. 햇무리처럼 희끄므레한 빛살은 물 대야에서 넘실거렸다. 거울면에 반사될 때처럼 일렁이는 물살에서도 눈이 부시었다. 그 빛살이 담긴 대야를 멀찍이 밀어 놓고, 물대야가 놓였던 자리를 가리킨다. 그 자리로 옮겨와 앉으란다.

"인자사 되았고만이라."

무엇이 되었는지는 모르지만, 창으로 내려오는 그 빛살은 내 얼굴로 쏟아졌다. 수증기로 가득 쌓인 어둑하고 뿌연 실내에서는 으슴푸레한 빛도 밝게 보였다. 마치 안개 자욱한 거리에서 마주 오는 자동차 라이트가 비쳐올 때처럼, 유리를 통해

비치는 부유스름한 밝음 속에 내 모습이 드러나 있었다. 얼굴을 비켜난 빛 묶음은 앞가슴을 내려 비쳤다. 희므끄레 하면서도 우련했다.

봄날이었고, 밖에는 비가 부슬부슬 내리고 있었다. 전날 밤부터 하도 삭신이 쑤시어서 여간해서는 오지 않던 목욕탕에 왔노라고 했다. 같은 동네에 살고 있으면 웬만한 사람들끼리는 목욕탕에서 가끔씩은 마주치게 된다. 서교동에 산 지가 여러 해가 되었건만 그렇게 마주하기는 처음이었다. 잘 알려진 탤런트 k씨도 드물게는 얼굴을 익히고 있었으니, 모처럼의 발걸음이라는 말이 틀리지는 않을 것이었다.

이런저런 얘기가 오가는 사이에 우리는 금세 친해졌다. 애들 도시락 반찬은 무엇을 만들어 주느냐, 말 안들을 때는 어떻게 하느냐, 애들 넷은 젖을 먹였느냐, 우유로 키웠느냐, 그렇게 이어지다가 갑자기,

"새댁, 우리 집에 가드라고, 잉."

그런 연유로 해서 목욕대야를 든 채, 선생님 댁에 가게 되었다. 젖은 머리에서는 이따금씩 물방울이 묻어나고, 몇 걸음 걷다 보면 선생님의 긴 머리칼에서도 물기를 훔쳐야만 했다. 그럴 때마다 마주보며 웃었다. 골목 어귀에 있는 구멍가게에서 선생님은 담배 몇 갑을 사고, 소주도 두 병인가를 사서 목욕대야에 담았다. 대문 앞에 서니 라이락 향기가 짙게 피어났다. 그리고 이층 화실로 올라갔다. 바로 그 화실이, 생전의 선생님

몸피만 한 사진으로 시립미술관 전시실 벽에 걸려 있는, 〈화가의 방〉이다.

그 '화가의 방'에는 물감이며 붓, 그리고 다른 화구들이 놓여 있었다. 비슷하게 생긴 화구들도 크기에 따라 가지각색이었다. 붓만 해도 몇 개쯤은 될 것이다, 이렇게 숫자로 셀 수 있는 그런 게 아니었다. 수십 개씩이나 되는 붓이 백자 필통 여럿에, 또 작은 단지들에 담겨 있었다. 작업을 하다가 일어선 듯 작고 큰 접시마다 색색깔의 물감들도 그대로 있었다. 가슴이 몹시 뛰었다. '화가의 방'에 앉아 있음이 하도 신통했다.

놀라운 것은 그의 화실에 발을 딛는 순간 스펙터클을 이루는 그림들이었다. 여기저기서 움직이고 수런거리는 소리가 들렸다. 벽에 걸린 액자에서는 사람들이 어정거리며 걸어 나온다. 나른한 모습으로 누워 있는 여인들은 기지개를 켜며 일어나 앉는다. 슬픔이 담긴 그 큰 눈은 누군가를 기다리는 듯 연신 창 밖으로 시선을 옮긴다. 꽃의 여신 플로라도 거기 있다. 꽃무늬 진 스카프, 검은 고양이, 트럼프나 술병까지도 움직이고 있다. 꽃을 안은 여인들도 천장을 난다. 한 묶음의 꽃다발에서는 꽃잎들이 흩날린다. 방 안 가득 꽃잎들이 쌓인다. 나비가 날아든다. 미처 벙글지 못한 꽃봉오리들도 벙싯거린다. 영롱한 색채들이 환성을 울린다.

그뿐이 아니다. 뱀들도 기어 다니고 있다. 꽃뱀, 실뱀 그리고 푸른 독사까지 셀 수 없이 많기도 하다. 수십 마리의 뱀들은 한꺼번에 또아리를 감거나, 또 긴 몸을 서리어 내 몸을 금방이라도 친친 감겨들려고 한다. 방 안 구석구석까지 헤아릴 수 없을 만큼 그 숫자는 불어난다. 뱀끼리 엉키고, 꼬여, 서로 어우러진 그 모습이 하도 섬뜩해서 꼼짝도 못하고 옴츠리고만 있었다. 나도 모르게 발을 의자 위로 올려놨다. 눈을 꼭 감았다. 등 뒤쪽으로 스멀스멀 기어오르고 있었다. 소스라쳤다.

소름끼치게 무서우면서도 슬쩍슬쩍 곁눈질을 하는 것은 맞은편 벽에 걸린 〈생태〉라는 뱀 그림이었다. 눈길이 그곳에만 머문다. 차라리 그 방에 들어서자마자 처음에 앉았던 창문을 마주한 그 자리가 되레 좋을 성싶었다. 시선을 창 밖으로 돌릴 수 있어서였다. 엉거주춤 일어서려고 하자 그는 팔을 저었다. 아서라, 고. 그리고선 창문을 대각선으로, 엇비슷한 자리에 나를 앉게 했다.

젊은 시절의 앨범과 '화가의 방'에 있는 그림들에 얽힌 이야기를 한참 재미나게 하고 있었다. 손가락에 끼운 담배 한 개비가 다 타들어가고 있었어도, 환한 웃음에 갈무리된 남도 사투리의 친근함은 그칠 줄 모르고 이어졌다. 차를 마시라고 했던 것 같은데 그 음성도 듣는 둥 마는 둥 했다. 벽에 걸린 뱀 그림에만 마음이 쓰였다. 나도 모르게 얼굴이 누르락푸르락 했던가, 눈더듬으로 짐작하여 헤아렸는지 걱정스레 물었다.

"새댁, 아픈갑소, 잉."

속이 좀 거북하다고, 엉너리쳐 얼버무리고 말았다.

어느 작품 하나 허투루 여기지 않을 터, 〈생태〉는 작가 자신이 가장 애착을 갖는 작품이었다. 한국 화단에 그의 존재를 각인시켜준 계기가 되었으며, 그의 삶 동안 그의 작품에 자주 등장하는 모티브였다.

어려서 친구와 나물 캐러 갔다가 치마허리에 메는 각띠인줄 알고 만진 것이 꽃뱀이어서 친구가 죽었다는 지난 얘기도 알고 있다. 그 순간 무서운 마음이 들긴 했어도 언젠가는 꽃뱀을 그려야겠다는 생각을 늘 해왔다고 한다.

〈생태〉를 그렸을 때는 그가 20대 후반이었다. 서울에서 전시회를 마치고 광주로 내려가는 3등 열차 칸에서였다. 언뜻 환상으로 비치는 정경이 있었다. 실배암 두 마리가 찔레꽃 사이로 스르르 지나는 모습이 눈에 어리었다.

어릴 때 뱀에 물려 죽은 친구로 해서 꽃뱀이 유다른 기억으로 있었으니, 기차 칸에서의 실뱀에 대한 그의 환상은 전혀 새로움이 아니었다. 예술적으로 구현되는 계기가 되었을 뿐이다.

광주에 내리자마자 광주역전에 있는 뱀 집에 드나들기 시작했다. 마작으로 가산을 탕진한 아버지와 폐병을 앓는 여동생을 돌보며 극심한 생활고에 시달리고 있던 그 무렵. 그 여동생의 죽음, 자신의 순탄치 못한 결혼의 파경, 신문기자로 일하는 가정을 가진 한 남자와의 만남 등, 한꺼번에 밀려온 시련을 극복하기 위해 뱀 집 앞에서 날마다 서성거리며 시간을 보냈다.

그가 처음 그린 뱀은 꽃뱀이 아니었다. 한 뭉텅이의 푸른 독사였다. 죽을 것처럼 숨이 막히고, 징그러워서 몸서리치며 스케치를 했다. 고통을 극복할 수 있는 길은 그 방법밖에 없었다.

서른세 마리를 그렸다. 나중에 그의 연인이 35세의 뱀띠라는 것을 알고 다시 두 마리를 더 그렸다. 그래서 '뱀'은 순탄치 못한 그의 삶을 극복하는 상징적인 표현이었다고 한다.

최순우 씨가 박물관장으로 있을 때, 그의 권유로 〈생태〉를 박물관에 기증했다가 작품에 대한 애착으로 일 년 만에 다시 찾아온 일이 있었다. 그런 일화가 있던 작품을 눈앞에 두고도 뱀이라는 섬뜩함으로 가까이 할 수 없음이 못내 아쉬웠다. 궁금한 것이 오죽 많았으며 듣고 싶은 얘기는 또 얼마나 많았던가.

어쩔 수 없이 그 방을 나서고 말았다. 저 뱀 그림 때문이라는 말을 할 수가 없었다. 생각해보면 그 얘기를 했다 해도 노여워하지는 않았을 것이었다. 오히려 다정한 마음으로 치워주었거나 보이지 않게 그 그림을 가려주었을 것이다.

대문을 나서려고 할 때, 내 머리칼을 만져보면서 이런 말을 건넸다.

"새댁, 머리 쪼까 길러 보까, 잉. 이 만큼…."

내 어깨에 손을 얹으면서, 여기쯤 길어지면 좋겠다고, 내 등을 토닥거렸다. 머리가 그만큼 길어지면 꼭 한 번 들르라면서 손을 흔들었다.

그렇게 헤어진 후, 두어 달이 지났다.

셋째 녀석이 열이 나서 막 병원에 가려던 참이었다. 전화를 받았다. 머리 좀 길었느냐고, 처음 만나던 날 내게 했던 그 말을 잊지 않고 물었다. 아이가 괜찮아지면 며칠 새 들르겠노라고 했지만, 아이의 병은 유사장티푸스라고 해서 근 한 달여 동안 병원을 다녀야만 했다. 어영부영 몇 달은 금방 갔다.

또 한 번의 전화를 받았지만 마침 시어른이 계시어서 차일피일 미뤘다.

여름도 가고 겨울로 접어들었어도, 맞춤한 기회를 얻지 못했다. 나와 만난 한나절은 하마 기억에서 지워졌을 것 같고, 더구나 두문불출 사람을 가까이 하지 않는다는 얘기를 들었던 터, 새삼 찾아간다는 것이 쑥스럽기도 했다. 그리고 오늘에 이르렀다. 이십 몇 년이 흘렀다.

그에게 가지 못한 핑곗거리는 또 있었다. 그의 작품 꽃무리 속의 여인과 꽃너울은 나의 동경이었다. 꽃내음이 우러나는 그 그림을 가지고 싶었지만, 천정부지의 그림 값은 나를 안타깝게 했다. 화랑에 늘상 진열되어 있는 그의 작품이 아닌지라, 알음알음 손이 닿아 그림을 가진 임자 쪽에서 요구하는 금액을 준비해 가지고 나가 보면, 어느새 그림 값은 부른 값의 곱절이 넘는 것이다. 결국 그의 그림을 가지지 못했다.

〈길례언니〉까지도 살갑게 느끼고 있었으니 누구보다도 나의 선망은 이뤄져야만 했다.

언제일지도 모르는 그런 날을 손꼽았지만 많은 세월이 지난 뒤에야 그런 생각이 부질없음을 알게 되었다. 하지만 그렇게 소원하며 기다린 시간이 그리 헛된 것만은 아니었다. 봉숭아 꽃물을 손톱에 들이면 빨갛게 물이 들 듯, 애타게 가지고 싶었던 꽃 너울의 화사한 색채가 내 마음 밭을 어느새 곱게 물들이고 있었다.

아직도 아픔으로 남는 것은 그가 내게 보낸 우연한 시선이다. 오롯이 그 교분을 감싸고 싶었는데, 무던히도 그리던 그와 나의 가교를 허물어버린 것은 언젠가는 그의 그림을 가진 뒤에 자랑을 하러 가야겠다고 욕심을 부린 내 어리석음이었다.

얼마나 미련스러웠는가를 깨닫게 된 그 후, 어쩌다 전시회에 갈 때면 그의 작품 앞에서 목을 축이는 것만으로 만족한다. 그런데도 전시장을 빠져나올 때면 가장 소중한 무엇을 빠뜨리고 나오는 것처럼, 돌아서는 걸음이 무겁기만 해서 몇 번씩이나 걸음을 멈추곤 했다.

머릿속에 떠올리는 것만으로도 가슴을 적시는 작품이 있다. 〈내 슬픈 전설의 49페이지〉이다. 그 작품은 목욕탕에서 처음 만난 그 즈음에 발표되었다. 아프리카 기행을 토대로 꼬박 1년을 걸쳐서 제작했었다.

화면 중앙에 커다란 코끼리 두 마리가 있고, 코끼리 뒤쪽으로 기린 두 마리가 긴 목을 쳐들고 서 있다. 사자나 호랑이, 얼룩말 등, 다른 짐승들은 멀찌감치 보인다. 그 큰 코끼리 등 위에 아주 작은 나신의 여인이 웅크리고 앉아 있다. 그곳은 열대의 초원이다. 작열하는 태양 아래 길게 늘어뜨린 머리, 무릎 사이로 고개를 떨군 맨살의 여인이 쭈그리고 앉아 있다.

그 큰 작품 앞에 섰을 때 외로움으로 가슴이 뭉클했다. 모든 것으로부터 소외된 짙은 절망. 그의 상심이 예리한 아픔으로 내게 전해져왔다. 울컥 치미는 뜨거움으로 이내 시계가 부옇게 흐려졌다.

그날 이후, 지워지지 않는 그 선명한 이미지는 나를 화두처럼 붙잡고 놓아주지 않았다. 그때의 애달픔이, 여물지 못한 그 아픔이 내 안에 통증으로 남아 있었다. 목욕탕에서 그를 만난 순간에 그 통증이 섬뜩한 느낌으로 되살아났다. 그럴 만한 자리가 아니어서 궁금한 마음을 묻어 두고 말았다. '화가의 방'에서도 입을 열지 못함은 그의 화사한 웃음 때문이었다.

〈내 슬픈 전설의 49페이지〉는 그의 자전적인 작품이다. 102 x 146cm의 크기였으니 만만찮은 대작이다. 어느 작품에서나 그의 삶이 흔적으로 남아 있지만, 이 작품 속에 담겨진 모티브는 작가 자신에서 비롯됨이 더욱 강하다.

마흔일곱이던 해, 20년을 걸쳐 만나고 헤어지고 다시 만나며 아이 둘을 낳고 함께했던 연인, 그 연인과 결별했다. 그리고 3년 뒤, 〈내 슬픈 전설의 49페이지〉를 완성한다. 이미 그때는 18년간 재직했던 홍대 교수직을 사임하고 작품 제작에만 열중하고 있었다. 같은 그해, ≪문학사상≫지에 자서전을 연재하기도 했다.

돌아보면 목욕탕에서 만났던 그 무렵이 홀로 칩거하던 때였음을 나중에서야 알게 되었다. 외출도 아니하고 그림에만 매달려 있다는 말을 그때 들었지만, 작품에 대한 욕심이려니 그렇게 여겼을 뿐이었다.

그런 연유를 알게 된 뒤에야 〈내 슬픈 전설의 49페이지〉에 드러난 고독, 질곡 많았던 세월의 회한, 그 절절함을 짐작할 수 있었다. 상처가 깊어서 비명 소리도 지르지 못할 때, 그 통곡은 예술로 승화되어 한 편의 그림으로 표현되었을 것이다. 정한情恨으로 무늬진 세월을 되돌아보며 붓을 옮기고, 글을 풀어낸 나날이 가슴 저미는 아픔이었으리라.

그때를 회상하면서 어느 기자와의 대담이 미술계간지에 실린 일이 있었다. 연인과 헤어지기로 결심을 굳히던 그때의 이야기였다.

"8개월의 긴 여행을 하면서 나 자신을 돌아보는 많은 시간을 가졌어요. 유럽에서 중세기의 그림들을 만났을 때 나는 큰 충격을 받았어요. 그 위대한 그림들 앞에서 나는 모든 덧없는 것들을 끊어버리자고 다짐했습니다. 이런 식으로 살아서도, 이런 식으로 그려서도, 안 된다는 것을 아프게 깨달았어요."

그때 돌아와서 그린 그림이 〈이탈리아 기행〉이다. 71~73년에 그렸다. 그 작품의 완성과 함께 그의 사랑은 끝이 난다.

"여행 중에 일본 여류작가의 소설 ≪그때가 왔다≫를 읽었어요. 연하의 남자를 사랑하는 한 중년부인이 자신의 사랑을 '썩은 다리'에 비유하는 대목이 있어요. 언젠가 무너질 다리,

더 이상 가다가는 돌아오지 못한 채 다리가 무너질 것이라는 생각을 한 그 여자는 헤어지기로 결심을 하지요. 나도 귀국하는 비행기에서 북극의 빙하를 내려다보면서 갈라서자고 마음먹었어요. 같은 땅에서는 차마 못 헤어질 것 같아 외국으로 떠나려 했는데, 여행을 끝내고 같은 땅으로 돌아오면서 헤어지는 결심을 하게 되었지요. 오늘처럼 라일락이 만발한 그런 날이었지요."

1980년. 나는 잠시 인도네시아에 머문 적이 있었다. 남편이 인도네시아에 근무하고 있을 때여서 발리에 갈 계획을 세웠지만 이뤄지지 않았다. 여학교 다닐 때 구경한 〈남태평양〉이라는 영화 때문일까, 발리는 늘 뇌리에서 떠나지 않았다. 그러다가 87년에야 그 계획은 이루어졌다.

남편과 같이 근무하는 동료 한춘연 씨가 인도네시아 수자원개발청 발리지구 기술용역단장으로 발리에 체재하고 있었다. 그런 그곳에서 반가운 소식을 들을 줄이야. 천경자 화백이 미국에 있는 따님과 함께 일주일간 머물다 갔다는 것이다.

국립현대미술관이 과천으로 옮겨 개관할 때, 전시작품으로 인물화를 의뢰받았던 것이다. 그의 발리여행은 그런 연유였다. 한 단장님은 그를 위해 발리의 관광 안내를 해 드렸고, 또 하루는 한단장 님 댁으로 오신 선생님이 인도네시아 전통의상을 입은 가정부를 모델로 그림을 그렸다고 한다.

그 일이 있은 뒤부터 작품전이 있을 때면, 스물네댓이었던 '와띠'라는 이름의 그 발리 아가씨를 눈여겨 찾아본다. 개인 소장으로 깊숙이 간직되었는지 '와띠'도 만날 수가 없다.

그의 그림에 등장하는 여인들의 머리나 귓가에 꽃을 꽂아 장식하는 하얀 꽃을 볼 수 있다. 그 꽃은 열대지방을 다니다 보면 쉽게 눈에 띈다. 인도네시아에서는 Frangipani라는 이름으로 불리는 아이보리색 꽃이다. 고무나무 비슷한 커다란 나무에서 일 년 내내 피고 진다. 여름에 피어나는 나팔꽃 크기만 한데, 꽃잎이 다섯 장으로 갈라져 있다. 꽃술은 따로 없고 중심 부분이 노르스름한 빛깔이다. 그의 유명한 작품 〈미인도〉를 떠올리면 쉽게 기억할 수 있다. 그림 속 여인의 머리 위에 얹혀 있는 꽃이 바로 그 꽃이다.

그 꽃은 나무에서 떨어져도 갓 피어난 꽃처럼 싱싱하다. 뜨거운 햇살 아래에서 단 몇 분만 지나도 시들어 버리는 다른 꽃들에 비해, 화엽花葉이 도톰해서 그런지 한나절이 지난 땅에 떨어진 꽃을 주워도 멀쩡하다. 그래선지 그 꽃을 볼 때면 그냥 지나치지 못한다. 그 꽃을 귓가에 꽂거나, 유리그릇에 물을 담고 꽃잎을 물에 띄워두곤 했다. 더운 나라인데도 며칠씩 그대로 시들지 않는다.

인도네시아 잔칫집에 초대받아 갔을 때였다. 주인이 입구에서서 오는 손님들에게 머리나 옷깃에 하얀 꽃을 꽂아 주며 반갑게 맞이하는 모습을 볼 수 있었다. 환영한다는 의미로 그 꽃이 쓰이고 있었다.

그가 발리에 있는 동안 꽃을 실에 꿰어 만든 '레이'를 즐겨 목에 걸고 다녔다는 얘기를 들었다. 또 여기저기 들르는 곳마다 그의 발걸음이 머물렀다는 이야기를 들으면 괜히 마음이 설레었다. 똑같은 사물에 같은 느낌을 공유했다는 것이 왠지 뿌듯했다. 그 후, 어쩌다 여행지에서 그 꽃을 마주하게 되면, 그분을 떠올리게 된다. 따습고 환한 회상에 잠기면서.

이어질 듯하면서 어긋나는 세월은 그렇게 흘러가고 있었다. 그러면서 엄청난 소용돌이를 그는 겪게 된다.

1991년도에 있었던 〈미인도〉 진위사건이다.

과천현대미술관은 〈미인도〉를 두 점 소장하고 있다. 인물화의 대표적인 화가였던 이당 김은호 선생의 작품과 천경자 화백의 작품이다. 이당 선생은 왕실의 초상화를 제작했을 만큼 독보적인 명성을 누린 대가였다.

이당의 〈미인도〉는 비단에 먹으로 섬세한 묘사법을 쓴 세필화이다. 신윤복의 〈미인도〉처럼 트레머리를 하거나, 저고리 춤이 짧고, 폭이 넓은 치마를 입은 에로티시즘이 느껴지는 그런 여인은 아니었다

복사꽃이 만발한 꽃나무 아래 작달막한 키의 한국여인이 한 손으로 치맛자락을 걷어잡고, 오른손으로는 자주 고름을 만지작거리며 우아한 포즈를 취하고 있는 그림이다. 우리 동양화

에서 오랫동안 보아왔던 화풍이다.

또 한 작품은 천경자 화백의 〈미인도〉이다. 화선지에 원색으로 화려하게 채색된 꽃과 여인이 화면 속에 있다. 그의 작품에서 쉽게 대할 수 있는 그런 여인의 모습이다.

열대지방에서만 볼 수 있는 흰 꽃을 머리에 화관처럼 장식하고, 맨살의 여인 어깨 위에 호랑나비 한 마리가 날개를 접고 앉아 있다. 환상적인 색채가 도드라진 그의 〈미인도〉는, 실재감 있는 인물화를 보아왔던 우리에게는 짙게 풍겨나는 이국적인 정취 때문에 다소 낯이 설기도 했다. 그 그림의 제작연도는 1977년이고, 천경자 화백의 서명도 있었다.

현대미술관에서는 91년 '움직이는 미술관'이라 해서 그 〈미인도〉를 복제해서 판매하고 있었다. 어느 날 작가는 자신의 작품이 아니라고 항의를 했다. 진위시비는 그렇게 해서 발단되었다. 화랑협회 감정위원회에서는 70년대의 화풍과 화집 등을 감정한 결과 진품이라 했고, 화가는 아니라고 했다.

작가는 그림에 그려진 나비, 흰 꽃, 머리카락 등이 치졸하다 했고, 감정기구에서는 현미경 촬영에 의한 화질검사, X선, 적외선, 자외선 촬영 및 그림에 사용된 안료까지도 그 무렵의 다른 작품들과 일치하다는 것과, 작품 유통경로가 확실하다는 점을 들어 진품이라고 판정했다. 다시 얼마 뒤 진위 판정이 불가능하다는 보도와 함께 그 사건은 미궁에 빠지고 말았다.

그는 절필을 선언했다.

"자기 자식도 구분 못하는 에미가 어디 있을 것이냐. 그 작품에는 내 혼이 없다." 자신의 억울한 마음을 그렇게 표현하며 분노했다. 미술계에서는 되레 나이든 탓으로 미루며 곧이들으려 하지 않았다. 그의 나이 그때 60대 후반이었다.

결국 작품 활동을 접고, 예술인 모두가 바라는 예술원 회원의 명예를 버리고 그녀는 미국으로 떠났다.

그때, 사람들이 노망났다고 그녀를 내몰았던 것처럼, 정말 여든이 되는 지난여름 치매를 앓는다는 신문기사를 본 일이 있다. 한 시절이 저무는 것을 실감하게 된다

그가 진위 시비로 겪었던 십여 년은 짧다고는 할 수 없는 시간들이었다. 창작하는 예술인으로서는 그 사이에 더 많은 대작과 걸작이 나왔을 법한 시기였을 것이다.

꽃으로 치장한 환각적인 여인은 그가 창안해냈다. 어찌 보면 꽃, 여인, 동물의 모티브나 색채는 러시아 화가인 샤갈을 연상케도 하지만, 꽃으로 장식한 그의 여인들은 고갱의 작품에서 더욱 가깝게 만날 수 있다. 꽃의 형태뿐 아니라 색채에서도 강하게 드러난다.

그가 찾아간 태평양의 타히티에서 문명의 허구를 기피하고 그곳에 정착했던 고갱의 넋을 초혼招魂하다가 기진했다는 글을 읽은 일이 있다. '꽃과 여인'의 주제에 흥미를 가진 그에게는 남다른 만남이었을 것이다.

생각해보면 그의 작품 모두를 시립미술관에 기증하는 결정

으로 그의 아픔을 나타낸 것이 아닐까 싶기도 하다. 그를 위한 상설전시관이 문을 열었을 때는 이미 병으로 누워, 자신의 작품이 영원히 전시될 그 전시장에 발걸음 한 번 내딛지도 못한 체였다.

진위 시비가 있은 후로는 과천미술관에서 〈미인도〉를 전시실에 걸어두지 않고 수장고에 넣어두고 있다. 어쩌다 미술관에 들를 때면 〈미인도〉가 걸려 있던 자리를 눈으로 어림짐작해 본다. 그리고 씁쓸한 마음으로 돌아선다. 진위로 휘말렸던 그림과 그 그림 속 여인을 떠올리면서.

그림 앞을 지나는 이들의 걸음을 멈추게 했고, 부러움의 눈길을 한몸에 받았던 여인이었다. 이제는 비웃음의 수모를 당하고 허접으로 버림받아 어두운 창고 속에서 먼지를 쓰고 있는 여인, 속마음을 털어놓지 못하고 가슴앓이를 했을 그 여인의 큰 눈에 담긴 허망함과 우수를 기억해 본다.

진위 시비가 있었던 일도 어느덧 십여 년이 흘렀다. 그림 속 여인만이 진실을 알고 있을 것이다.

옷깃을 스치는 순간이 또 있었다.

큰딸아이가 ≪미술세계≫라는 잡지사에 근무하고 있을 때였다. 밝은 얼굴로 집에 돌아온 아이는,

"엄마, 나 오늘 천경자 선생님 댁에 갔었어요."

"어떻게, 무슨 일로 갔었어. 나한테 말을 좀 할 일이지."

숨도 쉬지 않고 다그쳤다. 딸아이는 갑작스런 일이어서 당황했던지 다음 말을 잇지 못하고 있었다. 한참 만에야 자초지종을 들을 수 있었다.

딸아이는 그해 가을에 호암아트홀에서 있을 선생님의 회고전 특집 인터뷰 때문에 편집부장을 따라 선생님 댁에 가게 되었다. 그냥 간 게 아니라, 딸아이가 간수하고 있었던 ≪꿈과 바람의 세계≫ 라는 82년도 출판된 화문집畵文集을 들고 갔었더란다. 그 책은 딸아이가 중학교를 졸업할 때 졸업선물로 내가 사준 책이었다. 엄마가 아꼈던 책이라고 했더니 빛바랜 누런 책을 한참이나 펼쳐들고 계시더란다.

딸아이가 나한테 미리 말을 했다고 해서 달라질 것은 없었다. 그 옛날 우연히 만난 한나절은 벌써 기억에서 지워졌을 짧은 시간이었을 테니, 그는 그때 일을 까맣게 잊어버렸을지도 모를 일이다.

"엄마도, 그런 일이 있었으면 진즉 우리한테 이야길 해 주시지. 그랬으면 아까 그런 사연을 전했을 것인데…."

그날 딸아이는 요즘에는 무슨 글을 쓰고 계시냐고 선생님께 물었다고 했다.

글을 쓰고 싶어서 얼마 전에는 백화점에 가서 초를 사왔다고 한다. 예전에 글을 쓸 때면 늘 촛불을 밝혔는데, 웃음거리를 쓰고 있어도 울음이 복받치더라고…. 글을 쓰다가 눈물을 닦으면 초는 제 몸을 태우면서 촛농으로 울음을 대신하고, 그렇게 초와 하나되어 밤을 새웠다는 것이다.

색깔이 고우면 글이 풀릴까 싶어서 요즘에도 촛불을 켜 두고 있단다. 촛불은 여전히 눈물방울을 흘리고 있는데, 가슴이 메말랐는지 단 한 줄의 글줄도 쓸 수가 없다면서 붉은색 양초 하나를 보여주더라고 했다.

살다 보면 외로움이 깊어지는 그런 시간들이 있다. 바람에 나부끼는 나뭇잎, 가로등의 어슴푸레한 불빛, 전화선을 타고 들려오는 사랑하는 사람의 목소리는 가슴에 파문을 일으킨다. 그때마다 그 쓸쓸함을 표현하는 자신만의 방식이 있을 것이다. 그는 "푸닥거리하듯 글을 쓴다."고 했다. 그 푸닥거리를 못하고 있으니, 항상 곁에 이웃처럼 공존하고 있는 고통 설움 눈물의 봇짐들을 풀지 못해서, 그 막막함을 어찌 다 끌어안고 있었을까.

그날 선생님이 주셨다면서 딸아이는 다음 해 달력을 들고 왔다. 제 방 벽에 걸어두고서 들고나며 애지중지하더니 해가 바뀌어도 늘 그 자리에 걸려 있다. 나도 가끔씩 딸아이 방에 건너가서 그 달력을 한 장 한 장 넘겨보곤 했다.

돌이켜보면 우리 두 딸과 나, 세 모녀는 천경자 화백을 향한 고임이 누구보다도 깊었던가 보다.

둘째딸아이가 시집을 갔을 때였다. 살림살이가 웬만큼 정돈되었다면서 친정식구들을 부르던 날이었다. 거실에 들어서자

눈에 띄는 그림이 있었다. 어미가 마련해준 그림 몇 점도 한쪽 벽에 장식되어 있었지만, 낯선 그 그림은 내 손을 거치지 않았기에 한눈에 알 수 있었다. 천경자 화백의 작품이었다.

네모진 플라스틱 쟁반에 프린트되어 있었다. 두 점을 사서 하나는 제 언니에게 주었다는 것이다.

어찌해서 어미만 빼놓을 수가 있느냐고 서운함으로 물었다.

"엄마가 천경자 선생님을 좋아하는 줄을 몰랐어요."

어릴 때부터 무엇인가 좋다고 생각하면 나는 남에게 자랑을 못했었다. 먹을 것도 아낀다고 감춰 두고서 썩히는 일이 많기도 했다. 그래서 늘 언니나 오빠에게 놀림을 받았고, 아껴 둔 맛있는 것까지도 다 가져가 버렸다. 그렇다고 노여워서 울어 본 적도 없었다. 내 어머니의 자잘한 헝겊 쪼가리 하나도 수십 년이 지난 오늘까지 깊숙이 간직하고 있다. 그런 내가 어찌 그분과 나눴던 어느 날, 그 일을 입 밖에 낼 수 있을까. 발설한 그 시간 이후로 그 일은 내게서 떠난 하찮은 이야깃거리밖에 아니 되었을 것이 뻔한데.

1995년 11월. 호암미술관에서 회고전인 〈천경자 – 꿈과 情恨의 세계〉를 끝으로 그는 화가로의 활동을 접었다. 그리고 큰딸이 있는 뉴욕으로 갔다. 그런 뒤 1998년 9월 자신의 소장품 모두를 서울시립미술관에 기증했다. 같은 해 11월. 작품 93점을 인수하러 그분 자택으로 갔던 미술 관계자의 회고담을 적어본다.

"작품 한 점 한 점에 담긴 의미가 자신의 삶을 천착한 때문인지 깊이 보관해 둔 작품을 자신의 손으로 건네주면서 마치 살점을 떼어 주듯 아파하시었다. 그런 노화가의 모습을 보면서 뭉클했던 그때의 감회가 아직도 생생하다."

그는 1924년 전남 고흥에서 태어나, 어린 시절을 유복하게 보냈다. 명창을 불러 모아 잔치 벌이기를 즐기는 집안에서 판소리 가락을 흉내내며, 동네에 들어 온 서커스 소녀를 동경하고, 그의 글과 그림에 모델로 나오는 〈길례언니〉는 우리 모두에게 낯익은 얼굴이다. 한마을에 살던 그 언니가 소록도 병원에서 간호원으로 일할 때, 원피스를 차려입고 마을에 나타나는 그때부터 부러움의 대상이 되었다.

어려서부터 화가가 되고 싶었던 그는 집안의 반대를 무릅쓰고 실성한 사람 시늉까지 하며 가족을 설득한다. 한 처녀가 문 밖으로 나가는 것이 금기로 여겨지던 그 시절, 국내도 아닌 먼 나라는 천지개벽이었을 것이다.

불가능이라는 인습을 박차고 미술의 명문인 동경미술전문학교로 유학을 떠난다. 나혜석, 박래현, 이종숙 등이 거쳐 간 학교였다. 그곳에서 담채의 기법으로 인물화에 몰입하기 시작한다. 그리고 선전鮮展으로 데뷔하며 한때 모교인 전남여고에도 잠시 있었다.

어떤 화가에게서도 찾아볼 수 없는 독특한 예술언어로, 자신이 꿈꾸고 그리워하는 동경의 세계를 그림 속에 담아내던 화가. 그림 곳곳에 꽃을 한 아름 안고 어딘가 먼 곳을 응시하고 있는 여인들. 심드렁한 듯하면서 큰 눈에 고인 슬픔을 보면 형언할 수 없는 신비감을 느낀다. 화폭에 그려진 그의 여인들이다. 애틋한 삶이 그곳에 있다.

"그림 속의 여자는 그린 사람의 본인이고, 꽃과 뱀, 머리에 얹은 것도 한이 많아서 머리에 뭘 인다. 정신에 필요한 영양소 같다."

또 이런 말도 있다.

"나의 작품은 과거의 추억을 되살리고, 미래 세계를 상상하며 오늘의 꿈을 담은 한 폭의 드라마이다. 슬픈 생애의 단면. 화사한 보랏빛 행복. 꿈을 머금은 꽃. 나래를 펴는 나비. 그 길은 여인의 한이다."

여인과 꽃은 그의 트레이드마크일 것이다.

야생 꽃보다도 더 아름답고 화사한 색깔들로 어울린 화폭. 어린 날 친구의 죽음으로 해서 얼핏 스친 그 정경이 한 작가의 일생을 매달리게 했던 뱀 그림. 꽃 무리와 꽃 너울의 그 매혹적인 색채들이 내뿜는 애상을 누가 흉내낼 수 있을까. 그의 생활 속에 응집된 감성일 것이다.

그의 화폭에 그려진 꽃의 상징은 아름다움의 본질이기도 하지만, 생명의 덧없음일 것이다. 꿈과 환상으로 펼쳐지는 화폭마다 "맺힌 한을 풀고 싶어서 글을 쓴다."고 말한 것처럼 화사한 색채로 메워지던 쓸쓸함. 갈등을 빚고 있는 고통의 대상을 절대고독으로 녹여 빚은 상상의 세계로, 그렇게밖에 표현할 수 없었으리라.

동네 목욕탕에서의 해후가 '화가의 방'으로 이어졌던 어느 봄날. 그날의 삽화는 아직도 생생하게 마음속에 간직되어 있다.

섬세한 손가락 사이에서 모락모락 피어오르는 담배연기도, 환한 웃음도 소주잔도 보랏빛 홈웨어에 젖은 머릿결까지, 그의 모습 어디에도 허허로움은 보이지 않았던 그때. 천진스런 소녀 같기만 한 그런 날이었다.

자신의 그림을 글로 풀어 보여주는 멋진 글쟁이로, 그의 환상과 사랑 질곡의 삶까지도 나는 사랑한다.

다시 한 번 전시실을 둘러본다. ≪화가의 방≫앞에서 걸음을 옮긴다. 언제쯤 다시 오겠느냐고 묻는 목소리를 들을 수가 없다.

친구와 함께 정동 길을 걸으며 가슴에 담긴 그의 잔영을 새겨본다. 그때, 그를 만났던 봄날의 한나절을 떠올린다.

(2003)

■ 작가 연보

출생과 어린시절, 전쟁의 시대

- 1942년 6월19일 정읍 출생
- 1948년 정읍서초등학교 입학
- 1951년 전주초등학교로 전학

아버지 은순용(殷舜庸) 어머니 김복주(金福柱)의 막내로 출생했다. 6 · 25전쟁 후 빨치산의 잦은 침투로 관공서는 불타고 양민들의 희생이 컸다. 어머니는 피난을 겸하여 우리들의 교육을 위해 어머니의 고향 전주로 이주했다.

전쟁 후 전력난으로 책을 읽으려면 등잔불이 필요했다. 강소천의 ≪꽃신≫, 김래성의 ≪쌍무지개 뜨는 언덕≫은 오래 간직하여 우리 아이들이 자라서도 낡은 그 책을 읽었다.

'처참한 전쟁 때문에 이렇게 고생하는 귀여운 어린이들에게 무엇인가를 해주고 싶은' 뜻을 밝히며 ≪새벗≫이 창간된 것이 1952년이었고, 강소천, 이원수, 윤석중, 장수철 등 그 시대의 대표적인 아동문학가와 박목월, 황순원, 전영택, 김동리, 안수길 등 당대의 문인들도 참여하였다. 사범학교에 다니던 8살 위 언니는 4학년을 마친 내게 성탄절 선물로 ≪새벗≫을 선물했고, 그 만남은 오래 잊혀지지 않을 기억이 되었다.

성장, 가족이라는 토양

- 1954년 전주여자중학교 입학, 졸업
- 1957년 전주여자고등학교 입학, 졸업
- 1960년 전북대학교 문리과대학 영어영문학과 입학,졸업

중학교에 입학한 나는 ≪학원≫을 구독했고 강소천과 이원수 대신 헤르만헤세와 앙드레지드를 만났다. 어린 내게 ≪새벗≫을 선물했던 언니는 그때 ≪현대문학≫을 구독했고 동아 · 을유문화사에서 출간되던 세계문학전집을 들여왔다. 나의 독서량과 폭이 함께 넓어졌고 신문에 난 이봉상, 임직순, 박고석, 김환기, 천경자, 등 화가들의 컷을 스크랩하기도 했다. 그때 오빠가 사준 책 중에서 테니슨의 ≪이녹아덴≫, 롱펠로우의 ≪에반젤린≫은 여태도 고이 간직하고 있다.

대학생이 되어서, 바이올린을 취미로 하는 오빠에게 첼로를 배웠다. 방학이 되어 서울에서 공부하던 이들이 전주로 내려오면 배움의 기회가 생겼다. 그런 기회로 당시 서울대 음대생이었던 차형균(전 전주대학교 음대교수)씨에게 사사하기도 했다. 교회에서 성찬예식, 부활절, 성탄절이 되면 오빠와 트리오를 했고 대학신문에 몇 차례 산문을 기고했으며 3학년 때 희곡담당 송현섭 교수의 지도로 영어연극을 했다.

결혼, 새로운 세계

- 1964년 전북대학교 문리과대학 영어영문학과 졸업
- 1964년 강홍모 목사님의 주례로 전주영생교회에서 신호철과 결혼
- 1975년 서울로 이사. 서교동교회(대한예수교장로회)에 등록
- 1977년~1988년 서교동교회 교회학교 교사
- 1979년 국립중앙박물관 특설강좌 박물관대학 4기 미술사 수강
- 1980년 해외근무중이던 남편의 초청으로 인도네시아 반둥(Bandung)에 4개월 체류

오빠의 미국유학으로 나의 결혼을 서둘러 UNDP(유엔한국개발기구)에 있던 신호철(申昊哲)과 혼인했다. 습관성 자연유산으로 아이 넷을 두기까지 전주예수병원에 입원, 퇴원을 거듭했고 아이들이 자라는 동안에도 첼로를 놓고 싶지 않았다. 연대 음대생이었던 이재규(현 KBS교향악단 첼리스트)가 레슨을 위해 틈틈이 전주에 내려와 주었다.

1975년 남편의 직장이 서울로 옮겨지며 마포구 서교동으로 이사를 했다. 아이들이 자랐고 악기를 배웠다. 작은 가족음악회가 열리는 뮤직하우스를 만들겠다는 꿈이 있었다. 박고석, 김구림, 천경자 화백과 만남도 이 무렵이다. 천화백과의 이야

기는 2003년 〈정한〉에서 썼다.

1981년 당시 대통령의 아세안5개국 순방이 있었다. 그로인해 진행된 협력사업 중 하나인 인도네시아 건설청의 프로젝트에 남편이 참여하게 되었고 해외여행자유화 이전이었지만 대만 고궁박물관에 가볼 기회를 얻었다. 79년 박물관대학에서 미술사를 배우며 못내 기다렸던 기회였다.

남편은 업무로 분주했고 나는 삼일 동안 내내 박물관을 관람했다. 중국(당시에는 중공)은 개방되지 않았고 대만의 박물관에는 국민당 정부가 대륙을 떠나며 가지고온 60만점이 넘는 문화재를 가진 세계4대 박물관 중 하나였다. 한국의 소박함, 단정함과 다른, 형형색색의 화려함과 인간의 것이라 믿기지 않는 정교함이, 닫힌 세계에서 살아오던 내게 한없는 충격이었고 자극이었다. 그 후로도 구라파든 미주든 기회가 닿으면 미술관과 박물관을 놓치지 않으려 했다. 건강이 좋지 못한 내게 너무 넓고 멀었지만 휠체어를 빌려서라도 새로운 세계를 더 보고 싶었다.

등단, 오래 기다린 시작

- 1985년 문예진흥원 문예강좌 1년 수강
- 1986~1989년 서울시 교육청상담교사교육을 받고 온누리교회 가정상담세미나 1년 교육을 마치고 중 · 고교에서 봉사

- 1989년 서교동교회 권사 임직
- 1995년 정봉구 교수 수필교실 수강
- 1995년 ≪수필공원≫ 여름호 〈꽃잎을 읽은 국화〉 초회 추천
- 1995년 ≪수필과 비평≫ 11~12월호 〈겹치는 영상〉 신인상
- 1996년 ≪수필공원≫ 여름호 완료추천 〈종이학의 기원祈願〉

85년 문예진흥원 문예강좌를 통해 원로 문인들의 예술과 식견을 엿볼 수 있었다. 86년부터 89년까지 온누리교회 가정상담역 세미나와 서울시 교육청 상담교사 교육을 받고서 중 · 고교 상담교사로 봉사할 수 있는 기회도 얻었다.

95년 정봉구 교수님과의 만남으로 글을 쓰기 시작했고 박연구 선생님의 관심으로 ≪수필공원≫의 초회추천, 완료추천과 정주환 교수님이 주간인 ≪수필과 비평≫ 신인상으로 등단의 기회를 얻었다. '그레이스수필문우회'(정광애, 이기호, 이경애, 이유준, 강신옥, 김명순, 은옥진)동인이 결성되어 첫 동인지 ≪미시들의 노래≫출간.

그 사이 딸 둘이 혼인하여 큰 사위 윤정식과의 사이에 병준, 희준, 작은 사위 김익성과의 사이에 서영, 태형이 태어났다.

문학, 나무에게 듣는 이야기

- 1996~2002년 그레이스수필 문우회 회장 역임
- 1998~2001년 4년간 ≪수필과 비평≫에 연작수필 〈나무〉연재
- 1999년 첫 에세이집 ≪사연≫출간
- 2000년~2001년 ≪한국기독공보≫에 〈테마에세이〉 주간연재
- 2002년 두번째 에세이집 ≪매화가지에 꽃댕기≫출간
- 2003년 신곡문학상 수상

≪수필과 비평≫에 '사랑이나 연애'를 연재하라는 권유를 받고서도, 영화나 소설이야기를 써도 좋다는 양해에도 오래 글을 쓰지 못했다. '나무와 꽃'에 대해서라면 쓸 수 있겠다 싶었다. 주간 정주환 교수님의 허락과 배려에 힘입어 등단 초년병인 내가 벅찬 지면을 얻었다.

어린 시절의 집에는 백여종류의 꽃나무가 있었다. 아버지는 내가 키돋움을 하지 않고서도 팔을 뻗어 딸 수 있게 가지를 다듬었다고 한다. 금융조합에 계셨던 아버지는 가을이면 집에서 국화전시회도 할 만큼 각양의 분을 가꿨고 장미와 태산목을 아껴 대문에서 안채까지 장미터널이 내 유년시절의 놀이터였다. 연작수필 〈나무〉를 쓸 수 있는 자양도 풀꽃과 나무를 고이신 부모님의 정서를 내가 은연중에 감득한 덕분일 것이다.

〈나무〉를 쓰기 위해 나무의 이야기를 듣고 싶었고 들어야

했다. 4 · 3사건 현장에 있었던 나무를 찾아갔고 양화진 선교사 묘지공원과 천주교 순교성지인 해미읍성, 서대문형무소의 통곡의 미루나무를 찾아갔다. 이렇게 4년 동안 삼십 여 그루의 나무를 만나러 발품을 팔았고 그 이야기를 들었다.

99년 첫에세이집 ≪사연≫의 표지화와 디자인을 딸이 맡아주었다.

≪한국기독공보≫에 〈테마에세이〉에도 딸이 삽화를 그려주었다. 교계신문에의 에세이에 천연색 삽화가 곁들여질 수 있었던 것은 당시 사장으로 재직하신 고무송 목사님의 유연한 발상과 파격적 배려 덕분이었고, 돌잿이 병준이를 제 아빠가 돌보는 동안 모녀는 마감일을 맞추느라 주말마다 머리를 맞대고 궁리를 했다. 행복한 날들이었다. 이때 그린 삽화들이 2002년 두번째 에세이집 ≪매화가지에 꽃댕기≫를 어디서도 볼 수 없던 화사하고 예쁜 그림책으로 꾸밀 수 있게 해주었다.

막내아들이 김지영과 혼인했고 2003년에 신곡문학상 수상의 영광을 얻었다.

병상의 시절, 문학의 위로

- 2009년 세번째 에세이집 ≪나는 글자를 모은다≫출간
- 병상 생활이 길어지면서 거동을 못하고 누워서 쓴 글들이 많음.
- 2010년 제28회 현대수필문학상, 대한문학상 본상 수상

2006년 암수술 이후에 글쓰기가 느슨해졌다. 거동을 못했고 그러나 누워서 글을 쓰기 시작했다. 그렇게 세번째 에세이집 ≪나는 글자를 모은다≫가 나왔다. 그리고 나는 여전히 글자를 모으고 있다.

현재 수필문우회, 한국여성문학인회, 한국문인협회, 국제PEN한국회원, 수필문학진흥회 기획위원, 수필과 비평사 이사

현대수필가 100인선 · 92
은옥진 수필선

그마저 내려놓으라시면

초판인쇄 | 2011년 6월 10일
초판발행 | 2011년 6월 19일

지은이 | 은 옥 진
펴낸이 | 서 정 환
펴낸곳 | 좋은수필사

주 소 | 서울시 종로구 익선동 30-6
운현신화타워 빌딩 3층 305호
전 화 | 02)3675-5635, 063)275-4000
등 록 | 1984년 8월 17일 제28호
홈페이지 | http://www.shin-a. co. kr
e-mail | essay321@hanmail.net

값 7,000원

ISBN 978-89-5925-361-6 04810
ISBN 978-89-5925-247-3 (전 100권)